序言

在数万年的时光之中，那些各式各样的木结构建筑并没有全部存留下来，古人倾注于其中的心血和精力，也都随着时光之火付诸一炬。虽然已经无法再看到古人居住的家居建筑实物，但通过历史文献的记载，我们依然可以清晰地了解古人的家居生活。

古人的家居建筑是什么样的？这一问题虽然复杂，却并不难回答，从数万年前原始人的穴居、巢居，到封建时代的木结构建筑，古人家居建筑的形制几经变化，但在这种变化中，也有一些始终未变的东西，比如建筑文化、建筑哲学和建筑设计思路等。

在变与不变之中，古人不断改善自己的家居建筑，这些变与不变与时代有关、与身份有关，也与个人喜好有关。如果将目光聚焦在古代社会的某个时期，我们能从总体上了解这一时期古人家居建筑的形制特征；如果将目光聚焦在古代社会的某个个体身上，我们则能发现一些独特的家居建筑装饰与搭配。这其中的故事是极其丰富并且难以用简短篇幅言说的。

策划《古人的日常生活》这套书，一个简单的目的在于为读者全方位呈现那些鲜为人知的古人生活，《古人的日常生活：家居》这本书则主要立足于古人的“家”，为读者介绍不同时期、不同人物的家居建筑。

我们并没有给家居建筑设定具体的定义和范围，对于原始人类来说，天然的洞穴、人工的巢穴就是他们的家居建筑；对于普通百姓和商贾人家来说，茅屋宅院则是他们的家居建筑；而对于帝王贵胄来说，一望无际的城垣宫殿才是他们的家居建筑。

基于这种考量，我们在介绍古人的家居建筑时，并没有严格按照家居建筑的形制去介绍，而是将整体的家居建筑拆解为各个细小部分，再对这些细小部分进行详细介绍。读者了解了这些家居建筑的细节构件后，就可以像搭积木或盖房子一样,在自己脑海中构建起古人家居建筑的实物图。

在本书的第一部分，我们主要介绍了古代家居建筑的演变历史，其中既有对家居建筑形制变化的解读，也有对家居建筑材料、结构的细致介绍，在最后则以古代家居建筑的文化做结尾，讲述了建筑文化的千年传承。

第二部分主要是对古人家居建筑各部分的拆解介绍，比如对古人的居室设计、庭院设计进行介绍，其中既有门窗、几榻的布局搭配，又有花鸟、水石的点缀映衬，居室的幽静之美及庭院的动静相宜，古人的家居建筑设计思路对现代家居建筑的设计也颇有启迪作用。

第三部分主要介绍了一些古人家居建筑设计之中的小知识，如堂室之分、廊院之别，同时还有对古人厅堂、内室尊卑座次的解读。除此之外，这一部分还介绍了一些古代名人的居室，其中既有刘禹锡的陋室，也有杜甫的草堂，最后还对乾隆皇帝的“三希堂”进行了详细介绍。

第四部分则主要介绍了一些传承至今的家居建筑形制，以及古代的一些优秀建筑设计著作，老北京的四合院、客家的土楼、西北的窑洞，这些传承至今的家居建筑形制其实是古人几经钻研改造，才变成了现在的模样。

现代人的家居建筑虽然形制也颇为多样，但多逃不出钢筋水泥的“包围”，虽说增加了不少居住的舒适感，但总觉得少了些雅致情趣。这里并不是说钢筋水泥的建筑缺少情趣，而是说现代人自身要比古人少了些闲情与雅趣。当然，这之中的原因是复杂多样的，我们也没必要去深究。

最后，我们希望通过本书能为读者打开一扇发现生活之美的窗，让读者透过窗去发现古人的家居建筑之美，并将这种美引入自己的生活之中。

目录

壹 万年家居演变史

目录

贰 匠心与旨趣

叁 艺术与生活

肆 文化与传承

壹 万年家居演变史

第一节　古代家居建筑的演变

从深居洞穴之中，到住于高台之上，人类家居建筑的演变史就是人类文明进步的发展史。那些传统的居住习俗已经被历史的风沙带走，剩下的是人们在建筑形制上开拓创新的想象力，以及对美好居住生活的向往。

最早的栖息地——洞穴

谈及人类家居建筑的演变，大多数人会从地面建筑物开始说起，但实际上，在数万年的人类历史中，最早的家居建筑其实是天然形成的洞穴。

《易经·系辞》有“上古穴居而野处，后世圣人易之以宫室，上栋下宇，以待风雨，盖取诸大壮”的记载。这里所提到的“穴居”指的正是择洞穴而居。

小石斧

新石器时期　高5.4厘米。

磨石

4—7世纪　高2.5厘米，宽11.2厘米。

天然形成的洞穴可以遮挡风雨，也可以躲避野兽侵袭，冬暖夏凉的内部环境也为原始人类提供了宜居条件。

当然，并不是所有的天然洞穴都是适宜人类居住的，对于原始人类来说，一处合适的洞穴一般需要具备以下几个特征。

首先，洞穴附近一定要有水源，而且这些水源还要一年四季不中断。如果没有天然的甘泉，一些湖泊河流提供的水源也可以勉强接受。

其次，洞穴的洞口一定要高于水面，10 米或 20 米都可以接受，只要能够防止洪水泛滥，河水或湖水倒灌入洞口便可以。

再次，洞穴的洞口一定要朝阳、背风，一定不能朝向北方或东北方，这样就能够保证冬天晒太阳，夏天乘阴凉了。

最后，如果这个洞穴能够在孤山或者是伸向开阔地带的山嘴上，就再好不过了，这样坐在洞口就可以远眺四周的风景，进出山洞也会更加方便。

基本上，具备这些条件的洞穴就算是一个合适的家了。从我国及世界考古发现来看，原始人类所居住的山洞，多是一些钟乳石较少的喀斯特溶洞，比如，1993 年，在我国贵州省的盘县大洞遗址就出土过 4 颗古人类牙齿化石，以及近万件动物化石。

在大多数原始人类居住过的洞穴遗址中，考古学家发现洞穴口附近区域的人类生活痕迹较为明显，而在洞穴深处则鲜少有人类生存过的痕迹，这可能与洞穴深处氧气不足、阴暗潮湿有关。

在选好特定洞穴后，原始人类一般会对洞穴进行些许加工，比如用石锤或石斧将洞穴中比较尖锐的、有棱角的石块凿平，这样可以让自己住得更加舒适。还有一些洞穴中的原始人类，则会

彩色洞穴壁画（一）

原始人类使用木炭或赤铁矿在洞壁上作画，其画法应是先在洞穴墙壁上用黑色勾勒出轮廓，再用料石等为其上色，图中展示的壁画以动物形象为主，图中主要描绘的动物是牛，无论是站立还是奔跑，形象都十分的生动，洞穴凹凸不平的壁面更使绘画效果呈现立体感。由于可使用颜料有限，壁画色彩以黄、赤、黑等颜色为主。

彩色洞穴壁画（二）

彩色洞穴壁画（三）

使用木炭或赤铁矿在洞壁上作画。

居住在西班牙北部的阿米塔米拉洞穴中的原始人类，就在洞壁上绘制了一些猛犸和野牛等动物形象；而在阿根廷圣克鲁斯省西北部的平图拉斯河附近的一个山洞中，则发现了许多黑色、白色、紫罗兰色、红色和黄色的手印壁画，即使经过了几千年的风吹日晒，这些手印壁画也没有消失。

随着时间的推移，原始人类不断进化，他们才开始走出天然洞穴，去到那些更容易获得食物的地方，尝试动手建造“房屋”。

从天然洞穴到人工巢穴

原始人类最初建造“房屋”的尝试来源于天然洞穴，他们开始动手挖掘地穴，然后将天然洞穴的一些特征“嫁接”到了自己的人工地穴上。

比如，在挖掘完地穴后，原始人类会在地穴上面用柴草支起一个“帐篷”，以便遮蔽风雨。而在搭建帐篷时，他们则会将口开在朝阳的方向。在地穴下面，原始人类会将落叶或较软的植物根茎铺在地面上，以起到防潮保温的作用。

在地穴建造形制上，最早出现的是竖穴结构，也就是上面提到的帐篷式“房屋”；在竖穴之外，原始人类还建造了横穴和半地穴式结构的“房屋”。

横穴结构一般建造在黄土地带的台地断崖处，这类结构的地穴相对牢固，建造起来也非常方便，与我国现代山西、甘肃地区的窑洞式房屋较为类似。

半地穴式结构一般是先在地面上挖出下沉式的地坑院，然后再在院壁上挖出窑洞，可以说是一种结合了竖穴工艺和横穴工艺的洞穴建筑技法。

除了穴居外，原始人类还曾建造了巢居式“房屋”。由于地质条件等原因，我国南方地区的原始人类穴居的难度更大，因此更多采用了这种“构木为巢”的居住模式。

在《韩非子·五蠹》中有“上古之世，人民少而禽兽众，人民不

河姆渡文化人头形彩陶瓶

河姆渡遗址博物馆收藏。

有巢氏像

清人绘。有巢氏是第一个教人『构木为巢』，创立住居生活的圣人。

胜禽兽虫蛇。有圣人作，构木为巢以避群害，而民悦之，使王天下，号曰有巢氏”的记载，这里提到的“有巢氏”可能就是巢居方式的创造者。

我国古代南方地区气候潮湿，蛇虫野兽较多，缺少建造地穴的条件，所以人们开始在更高的地方寻找生存空间。可能是从鸟类筑巢那里获得了灵感，我国南方的原始人类爬到树上去建造“房屋”。

相比于建造地穴，在树上筑巢可没有那么容易。原始人类建造的树巢主要有独木巢和多木巢两种。

顾名思义，独木巢就是在一棵大树的枝杈上架巢。选好树木和枝杈的位置后，原始人类需要先用一层较硬的树枝做地板，然后再在其上用树枝架构起相互交错的棚架，最后则是用蓬草等覆盖面较大而重量较轻的材料覆盖在棚架上。

多木巢因为建造在多棵树木上，所以并不一定要选择树杈较大的地方，只需要考虑地板与树木的连接是否紧密稳固就可以了。相对来说，多木巢的体积一般会比独木巢大，建造难度和建造要求也更高一些。

人类最初进行巢居更多的是为了躲避蛇虫鼠蚁的侵扰。与地穴相比，建造在树木上的巢穴并没有那么稳固，这也是我们在考古研究中甚少发现巢居遗迹的原因。

同样伴随着时间的推移，原始人类进一步进化，他们从巢居这种建筑形制中得到启发，利用竹木这一天然原材料，在地面开始了新的巢居生活。

复杂的『巢』——干栏式建筑

“干栏”在一些特殊语言中指的是建造在托架上面的一种木结构建筑，建造这一建筑完全依靠楔子固定，不需要使用一根钉子。

干栏式建筑更像是一种复杂的“巢”，这种建筑形制的灵感应该来自早一批原始人类的巢居历史。当原始人类发现在潮湿的地面上，也能建造起躲避蛇虫鼠蚁的“巢”时，这种建筑形制就悄然诞生了。

如果说更早一批原始人类建造的地穴、树巢只是家居建筑的雏形，那这种干栏式建筑应该算作最早的一种人类家居建筑了。

干栏式建筑除了可以避免蛇虫鼠蚁的侵扰外，还可以达到防潮隔湿的效果，如果干栏支柱做得够高，干栏下面的空间还可以得到有效利用。相比于建造地穴和树巢，这种干栏式建筑既不需要清理地面杂物，也不需要寻找合适的树杈，虽然伐木过程可能要费时间，但从舒适和美观程度上，这类建筑都要远胜于地穴和树巢。

考古发现，早在 7 000 年以前，浙江余姚的河姆渡人便广泛应用了这种建筑形制，他们先是将石头加工成各种建筑工具，如石斧、石刀、石锤等，然后再用这些工具去加工木材，这样他们就得到

湖北蕲春毛家咀遗址西周干栏式建筑模型

中国新石器时代的村落

河姆渡比例模型。菲尔德自然历史博物馆藏。模型后为背景油画。干栏式建筑的踪迹不仅出现在河姆渡文化遗址中，在马家浜文化遗址和良渚古城遗址中均发现过这类建筑，可见干栏式建筑在新石器时代已经较为普及了。

了作为房屋支柱的木桩，以及房屋的主体材料木板。

为了让这些材料能够紧密连接在一起，河姆渡人又用石头工具在木桩和木板上凿出凹凸相配的榫卯结构。借助于榫卯结构，这些木桩和木板就能稳固地连接在一起，而后河姆渡人再将这些材料像搭积木一样组装在一起，一个干栏式房屋的主体架构就建造完成了。

在主体架构建完后，河姆渡人还需要选择一些稍微粗壮的树干，作为房屋的梁和柱，支撑起房屋上部的网格式屋顶。同时，在用树枝铺设完屋顶后，河姆渡人还会用茅草和树皮来遮盖屋顶，从而起到防雨遮阳的作用。到这里，一个完整的干栏式建筑才算正式完工。

为了进一步追求美观与实用性，河姆渡人还会对自己的干栏式房屋进行进一步“装修”，一般人家会用工具将室内的“地板”削平，然后铺一些苇席、蓬草；条件好一点的人家在完成室内工作后，还会在室外建造一段距离的走廊；建筑技术比较高的人家则会在房屋廊柱上雕刻一些艺术形象，悬挂一些小配件，或是竖立个鸟形器，来增添整栋房屋的艺术气质。

我国除了在河姆渡文化遗址中发现过这类干栏式建筑的踪迹，还在马家浜文化遗址和良渚古城遗址中发现过这类建筑，可见在新石器时代，这类干栏式建筑已经较为普及了。

随着时代的演进，干栏式建筑也逐渐被其他建筑形制取代，但一直到现在，在我国西双版纳境内的一些民居点，仍然能够看到这种建筑形制的零星分布，而在潮湿多雨的东南亚地区，我们也能够看到变化的干栏式建筑仍被广泛应用。

庭院式木架夯土建筑

到了夏、商、周时期，中国古人的家居建筑又出现了新的变化，这一新变化主要得益于夯筑技术的应用。

夯筑技术在新石器时代末期产生，在殷商时期发展成熟，到了汉代则广泛用于民居建筑中。所谓夯筑技术，就是通过将泥土一层层压实，来提高建筑结构的密实程度和强度。使用这种技术建造的墙面，不仅可以防潮保温，还可以持久直立，稳定坚固，

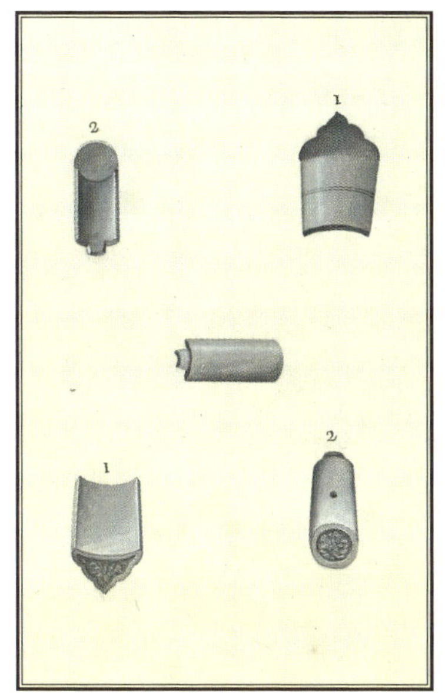

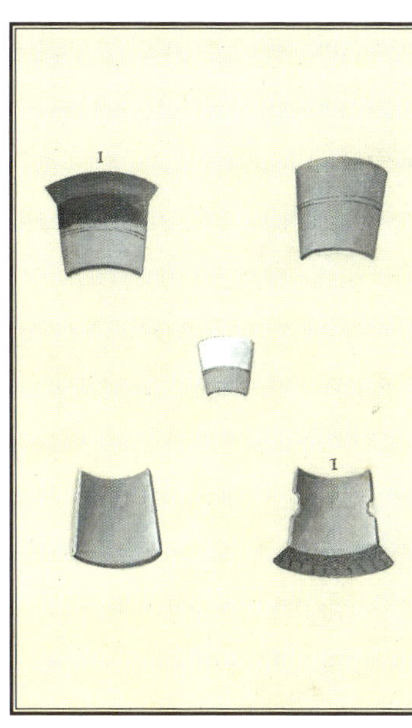

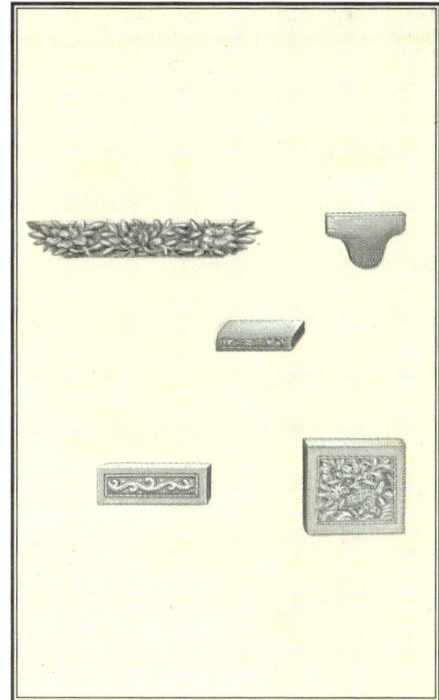

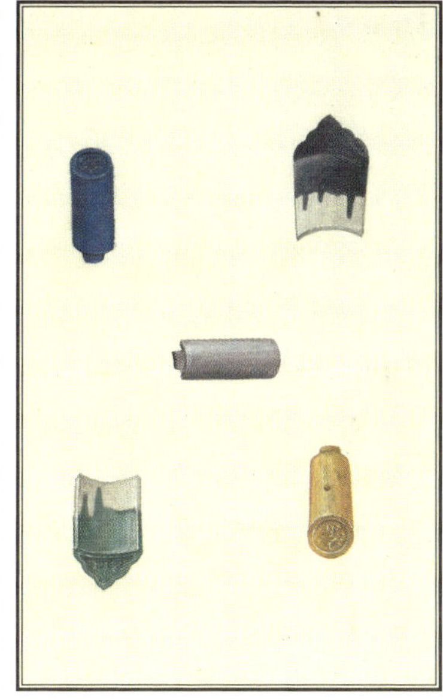

古时砌墙青砖和屋顶瓦件

选自《中国建筑彩绘笔记——工具与样式》。是时多为陶土砖瓦，琉璃砖瓦为皇家使用。瓦件由板瓦、筒瓦、勾头瓦、滴水瓦、帽钉等组合而成。

所以一开始这种技术更多被应用在防御工事的建设上。

在夏、商、周时期的家居建筑中，这种夯筑技术主要被用在庭院围墙的设计上，房屋主建筑则依然以木结构为主体。相对来说，在平民人家中多看不到这类建筑的身影，因为当时他们根本没办法拥有自己的庭院。

占地较多的富贵人家会使用这种建筑技法来构筑庭院，在圈占出足够多的土地后，他们还会在庭院中建造各种木结构建筑。尤其到了春秋后期，周王室权势衰微，诸侯并起，各诸侯王在建造宫室时，也多使用这种建筑形制，一方面是为了圈占土地，另一方面也是为了增强防御能力。

除了被用于建造围墙，这类技术还被广泛应用于建筑台面的设计，商周时期的宫殿建筑多建在这种应用夯筑技术建造的夯土台上。

河南偃师二里头遗址中的宫殿建筑，是迄今发现的我国最早的大规模庭院式木架夯土建筑。而在河南偃师尸沟乡商城遗址，则能够看到当时逐渐形成的宫城、内城和外城格局，其既兼顾了家居建筑的实用性，又起到了城防建筑的防御作用。

虽然夯筑技术在先秦时代得到了广泛运用，但这一时期古人所使用的家居建筑材料依然是木头。只不过，与此前不同的是，这一时期的古人在建造木结构房屋的时候，开始越来越多地在屋顶上使用陶瓦。

屋顶上的瓦片除了起到遮风挡雨的作用外，还具有一定的装饰作用。它的出现使得古人摆脱了对茅草屋顶的依赖，也标志着我国古代建筑屋顶材料的选择开始从天然材料转变为人工材料。

关于屋瓦的起源，《古史考》中有“夏世，昆事氏作屋瓦”的记载，但在当前已发现的商周时期的甲骨文和金文中，并没有“瓦”字，所以这一记载的可信性并不高。

从考古发掘来看，迄今发现的最早的实物瓦片是西周早期的陶瓦，而到了西周中期，则出现了板瓦、筒瓦和瓦当——用作屋顶装饰材料的瓦片种类变得越来越丰富。

西周早期的瓦片多为素面瓦，瓦片上面少有装饰，但到了春秋战国时期，瓦片上面开始出现了各类装饰纹样，比如，战国时期的赵国有三鹿纹瓦当，燕国则多为饕餮纹瓦当，秦国的瓦当上多是单个动物图案，齐国则出现了我国最早的文字瓦当。

到了秦汉时期，瓦当上面的纹样风格变得更加多样，最初的简单图像形象也开始变得写意、抽象。也正是从这一时期开始，瓦当这种较为高端的屋顶装饰材料，逐渐走出了高墙深院，出现在寻常百姓家。

进入封建社会后，古人的家居建筑形制选择开始变得多样起来，但相比于王公贵族可以建造庞大的庭院、广远的木架夯土建筑，底层平民的选择仍然相对要少许多。只不过相比于更早时期的平民百姓来说，这一时期平民的家居建筑质量有了很大进步。

汉代瓦当

瓦当又称『瓦头』，指的是我国古代建筑中筒瓦顶端下垂的部分，对筒瓦前端起遮挡的作用。特别要提的是汉代的瓦当，汉代瓦当装饰图样主要有三种题材：图案纹、图像纹以及文字纹。图像纹瓦当中比较著名的就是分别由青龙、白虎、朱雀、玄武四种纹样构成的四神纹瓦当，对应分施于东、西、南、北不同方位的殿堂之上。

白虎纹瓦当

应为汉代西向宫殿所用。

朱雀纹瓦当

应为汉代南向宫殿所用。

『长乐未央』文字纹瓦当

文字纹瓦当是最具时代特色的，文字有一到数十不等。『长乐未央』『长生未央』『长生无极』『千秋万岁』四种文字是时最普遍。此瓦当文字为『长乐未央』。

东汉　粮食仓库模型带绿色铅釉的砖红色陶器
51.6厘米×33.5厘米×11.5厘米。

东汉粮仓
39.5厘米×24.0厘米×21.5厘米。

东汉谷物磨坊

17.8厘米 ×19.4厘米 ×27.3厘米。

汉代猪圈和厕所

40.6厘米 ×21.6厘米 ×27.9厘米。

东汉铅绿釉陶猪圈

东汉猪圈与塔

26.3厘米×25.0厘米×28.5厘米。

东汉羊圈

高8.2厘米。

做瓦筛土图

哈佛大学博物馆收藏。从考古发掘来看，迄今发现的最早的实物瓦片是西周早期的陶瓦，而到了西周中期，用作屋顶装饰材料的瓦片种类，慢慢变得越来越丰富。

第二节　多样化的古代家居建筑材料

古代中国是木结构的建筑王国，那些『大兴土木』的帝王们以木石构造起宏伟壮丽的宫殿，享受着至高无上的尊崇。为何土木会成为中国家居建筑的主要材料，而砖石只扮演了一个『辅助角色』？古人对土木的『情有独钟』又有哪些弊端？东西方家居建筑的碰撞，由此正式展开。

中国古代建筑的主体材料——木

仔细研究中国古代家居建筑材料的人都会发现，千百年来，中国古人的家居建筑始终是以木结构为主的。其实不只是家居建筑，如佛塔、祭坛等功能性建筑也多以木结构为主，甚至大型宫殿，

劳作匠人

选自《太平风会图》。传为元代画家朱玉作品。主要描绘了街上行人、商贩、工匠、艺人的日常生活工作场面，市井气息浓重。现藏于芝加哥艺术博物馆。此图表现的正是建筑工人运用木材制作房屋的部分过程，匠人们分工协作『雕梁画柱』。

故宫太和殿及石阶下的大缸

在砖石墙面附近，古人还会放置许多盛水的大缸，当建筑物发生火灾时，可以及时用水缸中的水来灭火。

乾清门铜缸

也往往以木材作为主体结构。例如中国人最引以为傲的北京故宫，就是当今世界现存规模最大、最完整的木结构建筑群。

中国古人为何对木质材料这般青睐？这种难以长久保存的材料真的适合用来建造遮风挡雨的家吗？同一时期的西方古人为何会更多采用石材作为建筑材料呢？其实，这与东西方思想观念上的差异有关系。

西方人觉得想要建造长久居住的家，就要使用那种能够长期存在、不怕风雨侵蚀的材料，这也是为什么西方古代建筑多以石料为主体材料的原因。

当然，除了追求坚固耐用外，西方古人使用石料来建造房屋很多时候也是出于宗教信仰方面的考量，他们认为使用坚固的石头为神祇建造宫殿，可以获得神祇的庇佑。当然，这也是如帕特农神庙这样的古老建筑能够长久保存下来的一个重要原因。

而中国古人在建造房屋时，显然没有考虑留给后世千代万代人去欣赏，他们更关注当下的生活状态，也更喜欢让建筑与自然环境充分融合。用树木的枝干作为家居建筑的主体材料，会让整个建筑产生一种与自然相互融合的气质，尤其是那种坐落于山林之间的木结构房屋，住在其中更会给人一种清幽宁静的感觉。

这种追求与自然环境相融的建筑理念，也正应和了中国古代天人合一的哲学思想，与其和那些没有灵魂的石头生活在一起，中国人更喜欢与蕴含着“生命气息”的树木一同生活。

除了有这种与自然相融的理念外，中国古人选择木材作为家居建筑的主体材料，还与木结构建筑便于施工、方便改造这一特性有关。

相比于石头建筑，木结构建筑在施工时也会极大地节省劳动力和劳动时间。西方世界那些流传至今的古代建筑无不是建造了数十年，甚至是上百年才得以完成，而在中国，即使是建造如北京故宫这样规模宏大的建筑群，也只用了十多年时间。

当然，对于建筑是否能够千代万代地传承下去，中国人也并非没有考量，这一点我们可以从中国建筑的一些特点上看出来。

比如，在古代木结构建筑群中，我们可以发现每一个建筑周围都有用砖石堆砌的墙面，这些墙面除了可以起到围墙的作用外，在建筑物着火时，还可以起到阻挡火势蔓延的作用。而在这些砖石墙面附近，古人还会放置许多盛水的大缸，当建筑物发生火灾时，还可以及时用水缸中的水来灭火。

此外，古人还对木结构材料本身进行了防火处理，比如在许多木结构家居建筑表面，我们可以看到许多石灰泥——涂抹石灰泥后，这些木结构材料就不会那么容易被明火引燃。这一方法早在新石器时代就被广泛应用，当时的人们普遍选择用泥土作为木结构材料的“防火涂层”，这也可以起到一定的防火效果。

虽然增强了防火能力，但木结构建筑的寿命依然没有石头建筑那样长久。

天然形成的建筑材料——土

木材虽然是中国古代家居建筑的主体材料，但它并不是古人使用最早的家居建筑材料。在木料被广泛应用之前，土这种天然形成的材料是古人建造房屋的主要材料。

虽然现在我们在建造房屋时依然会用到泥土，但古时候人们使用的“土”与现在常用的混凝土并不相同。

前面提到，在旧石器时代，原始人类开始逐渐走出洞穴，自己动手建造“房屋”。当时，尤其是在黄河流域遍布着丰富的黄土层，这里的土质较为均匀，且含有一定的石灰质，这种土进行加工之后便可以保持屹立不倒。

借助黄土层的这一特征，原始人类开始在土层断崖处挖掘竖穴，这是把土作为建筑材料第一次被广泛应用的情景。

当然，在这一时期，原始人类只是被动地使用“土”这种建筑材料，他们并没有对这些自然状态的土进行加工，只是挖开土层而已。从现有的考古资料来看，到了新石器时代龙山文化晚期，中国古人才开始有意识地使用夯筑技术对泥土进行加工，并使用泥土块来堆砌墙体。

夯筑技术逐渐成熟之后，古人便开始将泥土加工成各种不同的物体。比如，古人会将泥土放入小木框中夯实，待到泥土块成形后，再拆下小木框，让泥土块自然风干后便可以使用了。如果想要让泥土块更加坚实，也可以用火烧制，这样的泥土块就会更像砖块。

虽然“土”这种天然建筑材料使用得更早，获取也更为方便，但进入封建社会后，古人并没有将这种材料作为家居建筑的主体材料，而是依然选择木材作为主体材料。当然，泥土这种材料也并没有被废弃，它成为家居建筑中建造墙壁和台基的主要材料。

前面提到，庭院式木架夯土建筑中，建筑围墙的建造一般会使用泥土夯筑。这样建造起来的围墙不仅足够结实，也能在一定程度上起到阻隔火势蔓延的作用。同时，人们还可以在这种泥土围墙上面刻画各种各样的装饰，提高家居建筑的美观性。

砖石修筑的万里长城

选自《燕京胜迹》（1927年出版），中国国家图书馆收藏。泥土夯筑技术还被运用于一些大型工程建设之中，例如长城，秦朝的长城就是用夯土建造的。图为明朝以后修筑的「砖石版」的万里长城。

菜园子土墙

选自《中国建筑彩绘笔记——工具与样式》。

值得注意的是，除了广泛应用于家居建筑外，泥土夯筑技术还被用在一些大型工程建设之中。虽然现在的万里长城大多是明朝时期修筑的砖石长城，但秦朝的长城却是用夯土建造的。

在秦长城的最下层一般是原生土，在原生土之上会覆压一层结构坚实的黄土，然后在黄土之上还会筑起一层夯土城墙。使用这种方法建造的长城虽然没有砖石长城坚固，却也创造了世界建筑史上的奇迹。

在秦代之后，唐长安城的一些宫殿，以及明清时期民间的多层民居，都使用了泥土夯筑技术。通过泥土加固后的房屋和宫殿，不仅更加坚固耐用，而且可以让居室冬暖夏凉，减少能源消耗。

虽然在应用程度上比不上木材，但土这种建筑材料依然在中国建筑史上占据了重要地位。古人在形容一些重大工程项目的兴建时，常常会使用“大兴土木”一词，将土木并提，这也可以看出古人对“土”这种建筑材料的重视。

充当配角的建筑材料——石与砖

在中国古人的家居建筑中，石与砖的应用并不广泛，却往往可以起到画龙点睛、妙笔生花的作用。

我国古人将石材用于家居建筑，最早开始于封建社会初期，

此中圖瓦作之圖每逢修理房屋之家其
人一手持抹子一手持瓦刀用灰槽内製
就之灰抹墻勾磚縫並能營造房屋工價
酒錢二吊有餘

匠人砌墙

选自《清末街头各行业人物》，大英图书馆收藏。此图展现了古时工人砌墙过程及砌墙用的工具。

也就是自秦始皇统一六国之后。秦朝时，人们对铁制工具的使用已经非常娴熟，这也为开采石材提供了必要条件。相比于不够坚硬的青铜工具，用铁制工具来打磨石材要高效许多。

从现代已经发现的考古资料来看，石材更多被用于修建陵墓或佛塔等对承重要求较高的建筑。此外，石材最广泛应用的地方就是柱子的基座，以及家居建筑的台面。

在建造木结构建筑时，为了让房屋的整体结构更为稳定，常常会将支撑房屋的立柱埋入地下，同时再用一些础石（通常选用一些个头较大的粗糙鹅卵石）在立柱四周加固。河姆渡人在建造干栏式建筑时，在将立柱深埋地下的同时，他们可能也会放入一些础石来加固立柱，然后再进行填埋。

在汉代以前，木结构建筑的立柱多深埋地下，础石也随之埋入地下，而自汉代以后，这些础石便逐渐“破土而出”，成为立柱外观装饰的重要部分。唐代的覆莲柱础、宋代的缠枝花卉柱础是较为出名的柱础样式。

除了作为柱础材料外，石材还广泛用于建筑台基。比如在唐宋时期，随着佛教的广泛传播，许多建筑也呈现出佛教风格，比较典型的是一种须弥座式的台基，这种台基由数层石条堆砌而成，上面还雕饰着各类精美纹样，兼具艺术和实用特性。

在家居建筑中，石材更多被单独作为装饰物置于庭院之中，比如庭院中的石桥，以及石桥上的望柱，更为多见的还有立于各家各户门前的抱鼓石和石狮子。

相比于西方古人将石材作为家居建筑的主要材料，中国古人更多将其用于点缀和装饰，通过各种精雕细刻，给人以美的享受。

砖在我国传统家居建筑中的作用，与石材颇为相似，其早期也多用于陵墓的修建，后来就被广泛用于墙壁的建造。在木结构建筑之外，砖结构建筑是我国古代人民使用最多的建筑形式。

秦代的制砖技术已经颇为成熟，这一时期的砖主要用作砌墓室墙壁或砖墙，同时还有一些用来做装饰的画像砖。

秦汉时期的画像砖非常流行，曾被广泛运用于装饰宫壁和墓壁。到了魏晋南北朝时期，这些被用在地下的砖块“重获新生”，开始成为城墙、佛塔的辅助材料。一直到元朝时，才正式出现了

《中国建筑彩绘笔记——工具与样式》（节选）

砖在我国传统家居建筑中的作用与石材颇为相似，起到的是一种辅助材料的作用。明朝制砖技术进一步发展后，砖块的用途也变得更为广泛，无论是宫廷建筑，还是普通民居，都可以看到砖块的身影。画册中分别展现了民间百姓、达官贵人家居建筑和皇宫大院的墙，以及各种纹饰造型和其他用途的墙。

1 民间灰墙
2 虎皮石花墙
3 河沿儿上的砖墙
4 城墙

1	2
3	4

5 公爷家园子外围墙
6 喇嘛寺围墙
7 皇上家墙
8 皇城大墙
9 花栏墙
10 雕刻花墙
11 万字画墙
12 坟院外墙
13 甃砖花墙

5	6	7
8	9	10
11	12	13

人物故事纹样画像砖

高93.5厘米，长35.8厘米，宽12.5厘米。

动物纹和人物纹画像砖

高93.5厘米，长35.8厘米，宽12.5厘米。

汉代画像砖

是一种表面印制或者雕刻图案的建筑用砖，多用于墓室。其图案丰富、题材多样，深刻反映了汉代的人文生活情趣。

西汉饮宴场景纹样画像砖

高 45.8 厘米，长 33.5 厘米，宽 16.2 厘米。

西汉动物纹样三角画像砖

高 80 厘米。砖上阴刻了马、凤凰和老虎等纹样。

完全用砖块建造的房屋。

明代的制砖技术得到进一步发展，砖块的用途也变得更为广泛，无论是宫廷建筑，还是普通民居，都可以看到砖块的身影。这一时期很多建筑物都是用砖块来砌筑的，比如重修万里长城时，使用的主要材料就是砖石。

在我国古代的家居建筑中，砖块更多被用来砌筑墙壁或庭院中的甬道，与石材一样，所起到的是一种辅助材料的作用。像是用砖墙将建筑与建筑隔离，用砖石铺设建筑与建筑之间的甬路，这些才是砖块在我国古代家居建筑中的主要作用。

总体而言，我国古代的家居建筑，尤其是封建时代的家居建筑，虽然主体依然为木结构，但砖石土瓦的应用也是非常普遍的。正是这些建筑材料的完美结合，才建构起了一座座闻名中外的精美建筑。

作用巨大的结构件材料——金属

金属在我国古代家居建筑中也有使用，但并不像土木石材那般显眼。如果说在木结构建筑盛行的封建时代，砖石更多被用来做装饰，那么金属就可以说是专门用来装饰那些砖石所无法装饰

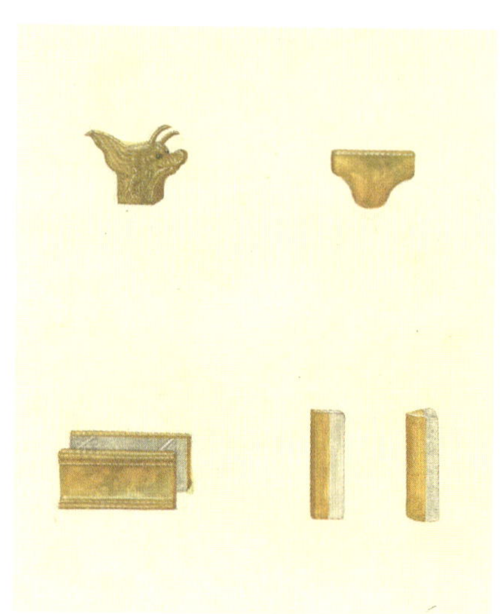

屋檐上的装饰物

选自《中国建筑彩绘笔记——工具与样式》。

的地方的一种材料。

中国古人将金属材料运用到家居建筑中的历史，最早可以追溯到春秋战国时期，这一时期出现了许多类似瓦钉、椽钉一样的实用金属构件，还出现了一些制作较为精美的青铜扣、铜合页等实用与美观兼顾的金属构件。

到了商周时期，青铜冶炼和制造技术已经颇为成熟，一些家居上面已经出现了可以拆卸的铜插销。秦汉时期则开始使用木胎包铜工艺，用铜片将木柱包裹，在其上镌刻花纹并以珠玉装饰。

在秦汉以后，家居建筑的金属构件在保留其实用性的同时，开始逐渐向装饰性方面改变。唐代的家居家具中出现了蝶形合页、橱门插销，储藏物品的顶式盖箱也装配了锁钮、提手和钩环等金属配件。

『五脊六兽』的庑殿顶宫殿

选自《中国建筑彩绘笔记——工具与样式》。庑殿顶象征尊贵，只有重要的佛殿、皇宫的主殿才能用到。从此图中可清晰看出屋檐上的兽件。正脊有吻兽，垂脊上的为垂兽，站在垂脊上的为走兽。

故宫宫殿上的动物

这些小走兽中领头的是『骑凤仙人』，后面依次为龙、凤、狮子、天马、海马、狻猊、狎鱼、獬豸、斗牛、行什。

(A)

Decorations of the Interior of the T

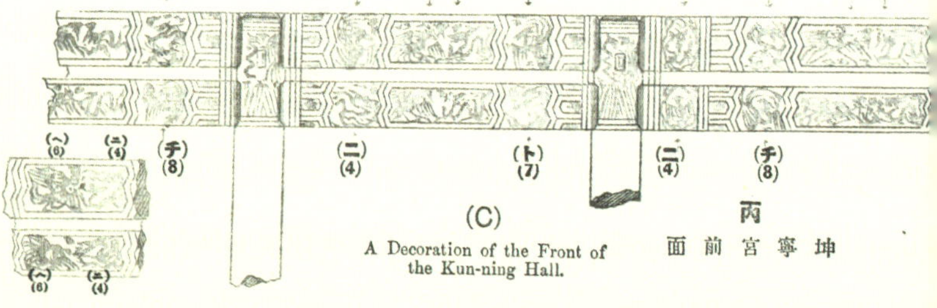

(C)

A Decoration of the Front of the Kun-ning Hall.

丙

面前宮寧坤

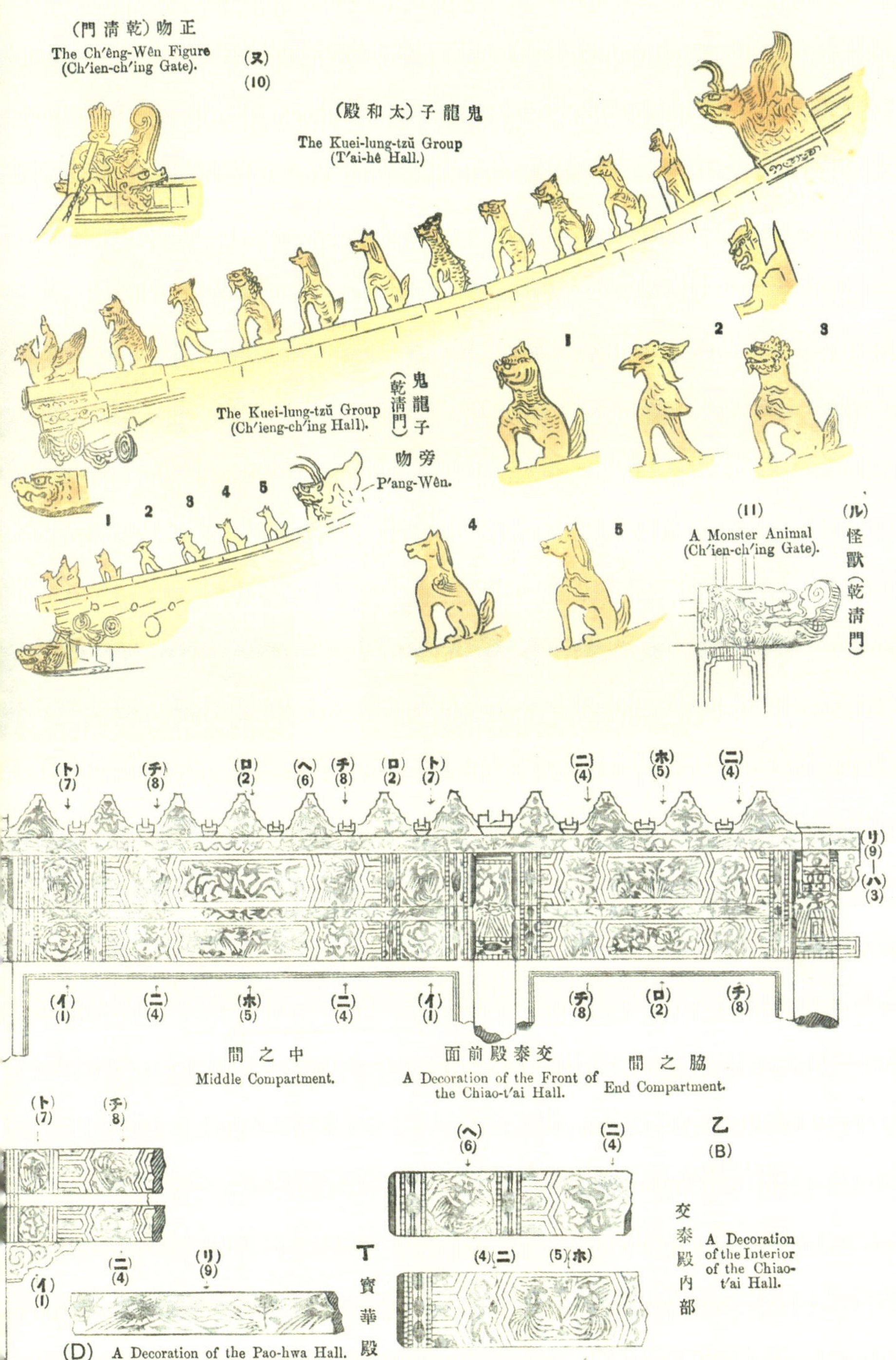

正吻(乾清門)
The Ch'êng-Wên Figure (Ch'ien-ch'ing Gate).
(ヌ)
(10)
鬼龍子(太和殿)
The Kuei-lung-tzŭ Group (T'ai-hê Hall.)
鬼龍子(乾清門)
The Kuei-lung-tzŭ Group (Ch'ieng-ch'ing Hall).
旁吻
P'ang-Wên.
1
2
3
4
5
(11)
A Monster Animal (Ch'ien-ch'ing Gate).
(ル)
怪獸(乾清門)
(ト) (7)
(チ) (8)
(ロ) (2)
(ヘ) (6)
(ニ) (4)
(ホ) (5)
(リ) (9)
(ハ) (3)
(イ) (1)
中之間
Middle Compartment.
交泰殿前面
A Decoration of the Front of the Chiao-t'ai Hall.
脇之間
End Compartment.
乙
(B)
交泰殿內部
A Decoration of the Interior of the Chiao-t'ai Hall.
丁
寶華殿
(D) A Decoration of the Pao-hwa Hall.

故宫宫殿上的动物——正吻（一）

故宫宫殿上的动物——太和殿脊兽

故宫宫殿上的动物——正吻（二）

宋元时期家居的金属装饰进一步增多，镏金工艺得到了广泛应用。到了明清时期，家居家具的金属配件进一步增多，种类也变得更加多样。

除了作为家居家具的装饰配件存在，在一些古代家居建筑中，还有一些纯金属器物被装配在建筑主体上，比如，古代建筑屋顶上常见的铜质凤鸟，既是一种屋顶装饰物，同时也是一种勘测风向的重要装置。

除了被应用于家居家具的装饰外，金属材料在许多家居建筑中也充当着加固建筑的结构件作用。

在结构件方面，铁显然要比铜更合适一些。木结构建筑虽然建造起来较为省力，但由于木材的抗压、抗震能力比较弱，被雨水侵蚀还容易腐烂变形，所以需要借助一些其他材料进行加固，这时候，铁质结构件就派上了用场。

常见的铁质结构件有铁箍、铁片、铁钩、铁钉等。

铁箍主要用来对建筑的梁柱进行加固。对于那些开裂的梁柱，可以用一些扁铁包裹，束紧后再用铆钉固定。这种做法主要是依靠铁箍的核心约束作用，来提高梁柱的强度和刚度，防止开裂处继续扩大，造成建筑结构的整体坍塌。

铁片则主要用来对榫卯节点进行加固，防止榫卯结构分离；铁钩则主要用于顶棚和藻井爬梁的加固，防止顶棚帽儿梁脱落。铁钉的应用相对更广泛一些，根据不同的用途又有穿钉、蘑菇钉、镊头钉和两尖钉等多种。

铁质结构件的运用可以显著提高古代家居建筑的刚度和强度，但铁质器具存在锈蚀问题，经年累月之后，也会失去作用。同时，铁质结构件的应用会破坏原有的木结构建筑特性，会对后续继续加固带来一定的负面影响。

从装饰的美观性上来看，金属材料与木结构建筑的结合是相得益彰的，而从建筑的稳定性和实用性上来看，在金属结构件的加持之下，我国古代的木结构家居建筑也获得了更为长久的生命力。

故宫宫殿天井上的纹饰

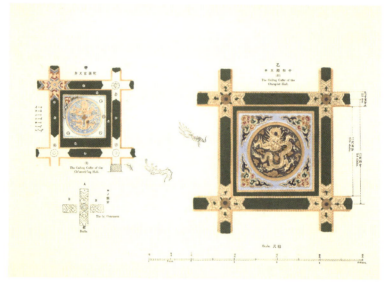

选自《北京皇城建筑装饰》。天井又叫藻井、复海、斗八等，是中国古代建筑顶部的装饰物。多用于宫殿或寺庙，以彰显皇家的尊贵和佛家的庄严。

中和殿天井和乾清宫天井

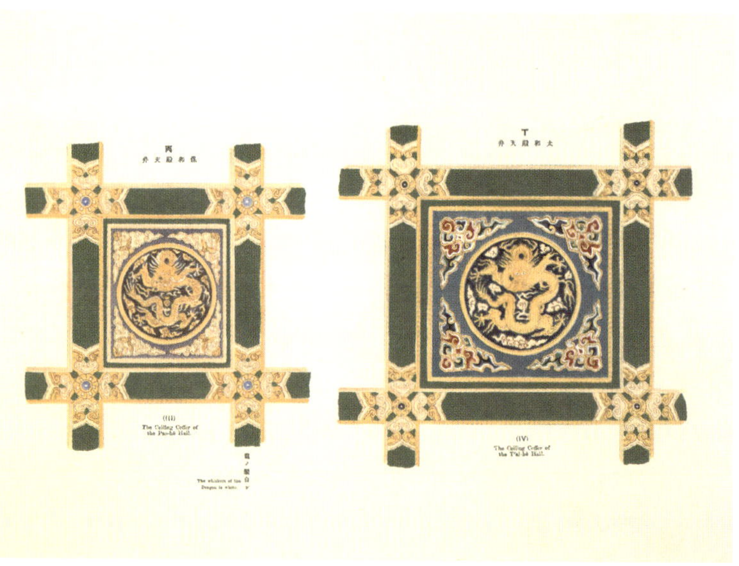

中和殿天井和保和殿天井

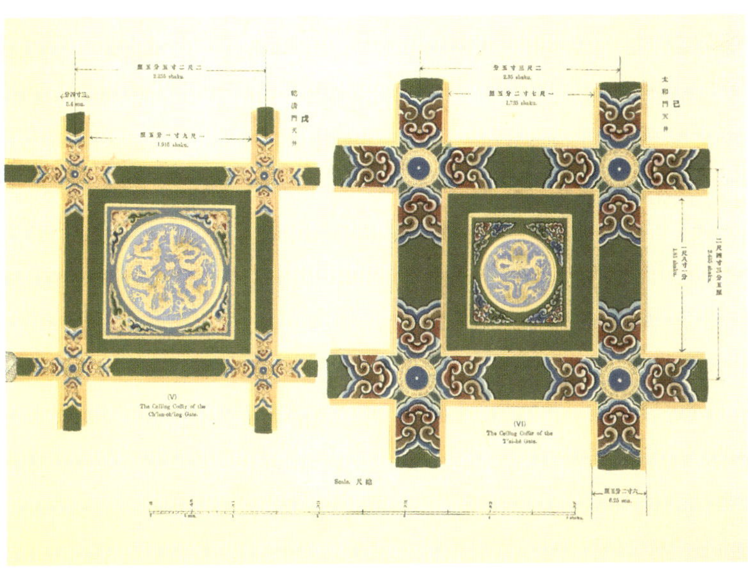

太和门天井和乾清门天井

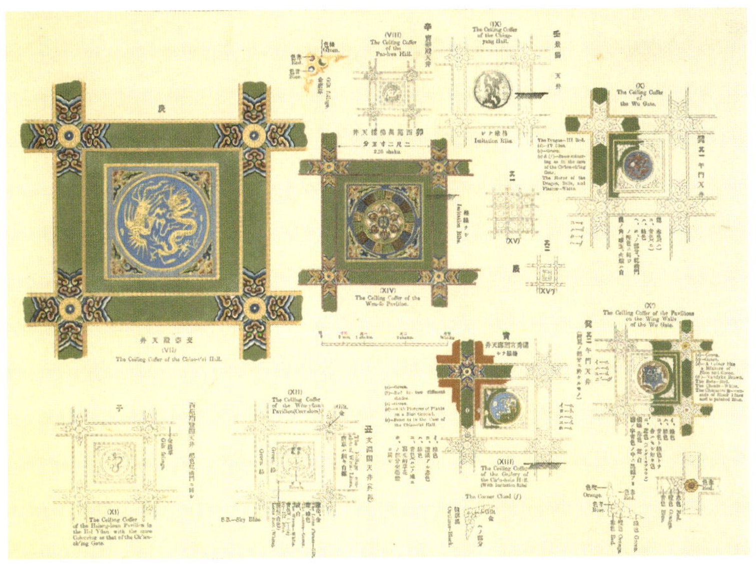

西苑万佛楼天井和交泰殿天井等

第三节　叹为观止的古代家居建筑结构

东西方在建筑上的差异，不仅体现在建筑材料的选用上，更体现在建筑结构的设计上。我国古人在修建家居建筑时，并未采用从上向下的修建方法，而是采取由下向上的方法，先立木架，再上大梁，依托独特的结构设计，展现了独特的东方美感。

台基的出现

在现代砖石建筑中，台基承担着防止建筑物沉降，加固建筑结构稳定性的作用，但在出现之初，台基却更多的是出于防水防潮的需要。

从材质用料上来分，我国古代的建筑台基主要有土质和石质两种类型。

土质台基出现的时间更早，应用也更为普遍，从技术上讲，它主要依靠夯土技术实现致密土层的夯制，大多数木结构家居建筑都会使用这种土质台基。在经年累月的时光冲刷下，那些宏伟的木结构建筑已经不复存在，但这些土质台基却保留了下来。

在殷墟的考古发掘中，可以清楚地看到这些土质台基的遗存。被付之一炬的阿房宫遗址上，也依然可以看到结构密实的夯土

房屋的台基和支柱

选自《中国建筑彩绘笔记——工具与样式》。两组选图清晰绘制了古代房屋的台基以及支柱的位置。台基不仅可以加固建筑，还能起到防水防潮的作用。台阶有不同的装饰，栏杆也是精致多样。

大殿及台基支柱

民居及台基支柱

阿房宮圖

赵伯驹款阿房宫图卷（局部）

宽49.2厘米，长1 050.5厘米。阿房宫被誉为『天下第一宫』，是秦修建的宫殿建筑群。纵观全貌，不难发现它的选址以及建筑布局都具有很强的轴线意识。赵伯驹画的阿房宫宫殿，木制建筑群隐匿在群山绿水中间，屋宇错落有致，在天然地貌上凿石修假山，种植花草，搭建通行桥梁。整个建筑与自然相互融合，很具备古人『天人合一』的思想。

台基。

石质台基脱胎于土质台基，最初古人会用加工好的石条来将土台围砌起来，做成石质结构，然后又在这些石质台基上增加压栏石、角柱石等装饰配件。相比于土质台基，石质台基看上去更加美观，防水防潮的实用效果也更好。

一般的家居建筑多使用单层台基，而较为庞大的建筑物，如佛塔、宫殿则会使用两层或三层台基，这么高的台基一方面是出于承重的考量，另一方面则是为了让建筑物显得更为高大雄伟。

除了多层台基的设计外，佛塔或宫殿在建造台基时，也多会建造须弥座台基。这种台基样式由佛座演化而来，通常用砖石砌成，最初的须弥座比较简单，上面也没什么装饰，后来才逐渐出现了凹凸线脚、卷草纹饰等装饰，在具体造型上也变得越来越复杂。

宫殿、佛塔等建筑更多以台基的层数来凸显气势，普通的家居建筑则以台基的巧妙装饰来彰显气质。

早期在建造土质台基时，古人会在台基四周屋檐的正下方镶嵌一些石子，这一方面增加了台基的美观度，另一方面也为台基增加了“散水”的功能。

由于我国古代建筑屋顶多为坡顶，下雨时雨水会沿着屋檐汇聚成冲击力较强的水流，如果这些水流直接浇到土质台基上，台基就会因为“水滴石穿”的效果而土崩瓦解，加上这些石子后，水流就会浇在石子表面，而石子的不规则表面则会分散水流的冲击力，起到保护台基的作用。

除了这种独具匠心的设计外，在台基建造过程中，建造台阶和栏杆也是两项重要的附属工作。可以说，一个完美的台基是由台基基身、台阶和栏杆组成的，缺少其中任何一项内容，这个台基都是不完整的。

对于整个台基来说，台阶和栏杆不仅具有实实在在的使用功能，而且对美化台基基身也发挥着重要作用。台阶的多样装饰、栏杆的复杂样式、望柱的精致外形，这些要素之间相互结合，可以创造出千变万化的台基形象。

在追求实用与美观共存这一特性时，古人们从来都不缺乏想象力。

木结构体系

我国古代传统木结构建筑主要由柱、梁、枋、衍檀、垫板、望板、椽子、斗拱等基本构件组成，其中又以柱、梁、枋、檀、斗拱为主，构成主要的框架结构。这些主要构件通过各种方式巧妙组合，可以起到承担建筑物负重、抵御外力压迫的作用。

不同的构件组合方式形成了不同的木结构体系，发展到今天，我国古代建筑已经形成了抬梁式、穿斗式、井干式和干栏式四种木结构体系。

抬梁式和穿斗式是两种较早出现的木结构体系，也是较为主流的木结构体系。

抬梁式木结构体系如其名称一样，需要一点一点将房梁“抬”起来。具体来说，建造这种结构的房屋，在完成筑土为台、台上立柱、柱上置梁等基本工序后，还需要在柱头上插接梁头，而后还要在梁头上安装檩条，用来插接矮柱以支撑更短的梁头，如此反复操作，当每榀（一个屋架称一榀）屋架 5 根梁时，一个完整的木结构框架就形成了。

使用这种抬梁式木结构体系的建筑，划分室内空间非常方便，基本可以直接按照梁架划分。但相对而言，这种木结构体系因为需要不断增加梁头、柱头，所以用料还是较多的。

穿斗式木结构体系舍弃了梁，直接用穿枋把柱子纵向串联在一起，檩条直接接在柱头上，同时沿着檩条的方向再将柱子串联起来，这样就形成了许多榀屋架平行的整体木结构框架。

穿斗式木结构建筑所用的柱子一般较细，柱与柱的间距也较小，所以在分割空间时会受到一定的限制。但在具体施工过程中，人们可以先在地面上拼接出一榀榀屋架，然后将其直接竖立起来即可，建造过程更为简单，用料也要相对少一些。

井干式木结构体系不使用立柱和大梁，而是直接用圆木或矩形木料平行向上堆叠，最后在木料顶端转角处交叉咬合，形成房屋四壁，然后再在左右两侧的墙壁上立矮柱，用来承接脊檩，构成房屋的整体框架。

这种木结构体系用料巨大，而且在开设门窗上面会受到较大限制，使用的频次并不如抬梁式和穿斗式结构多。一般在山区或林区，森林覆盖率较高的地区会更多见到这种建筑结构。

干栏式木结构体系主要出现在潮湿地区，其建筑工艺最早源于 7 000 年前的河姆渡人，其最大特征在于将房屋底层用较短的柱子架空，在短柱之上铺设地面，地面以上的建筑结构与穿斗式结

建造工具

选自《中国建筑彩绘笔记——工具与样式》。此书大约绘于18世纪，是一本西方人对中国建筑及相关工具的彩绘笔记画谱。选图所描绘的是古时建筑工人用的建造工具：锯、刨、斧、锛、方尺、墨斗、锉、钻、凿、铲、尺、锤、烙铁等主要工具，以及一些辅助类工具：麻绳、箩筐、扁担等，清晰地向我们展示了古时工人建造工事所用工具。

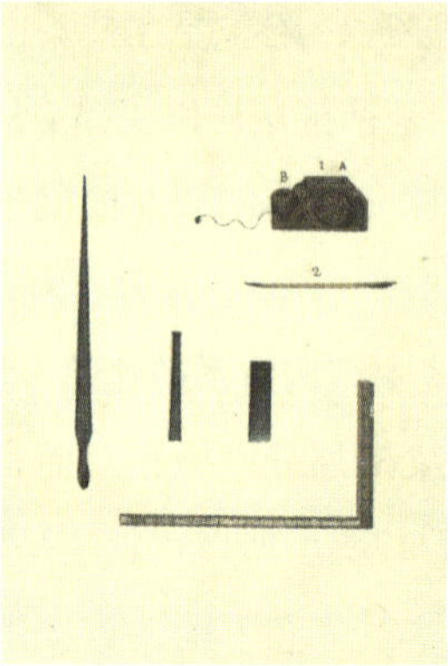

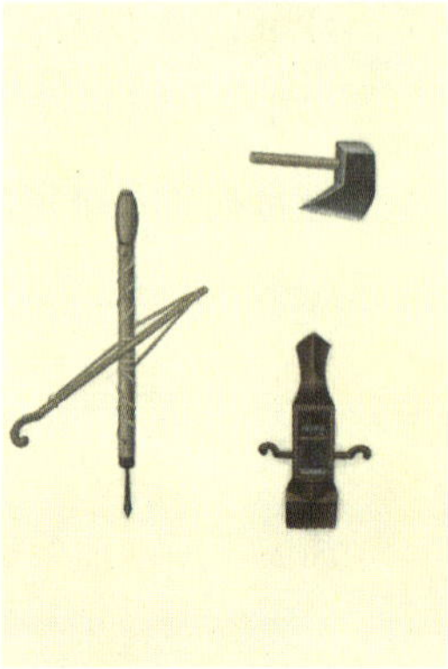

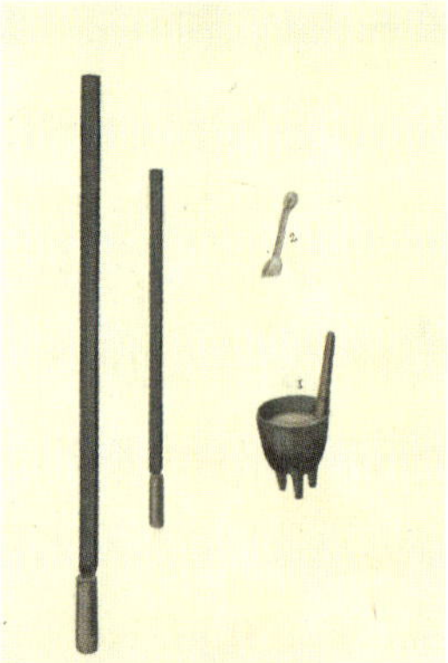

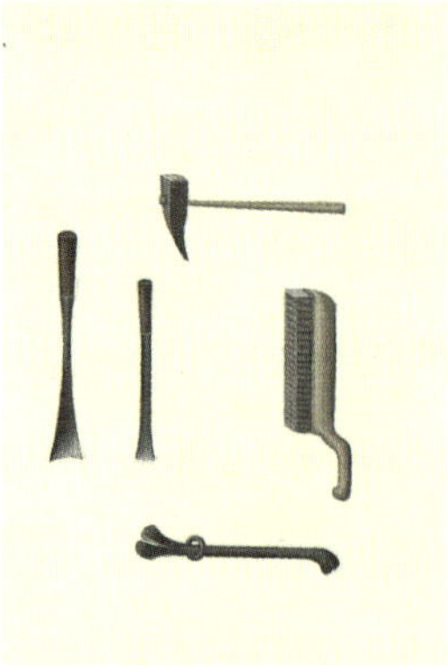

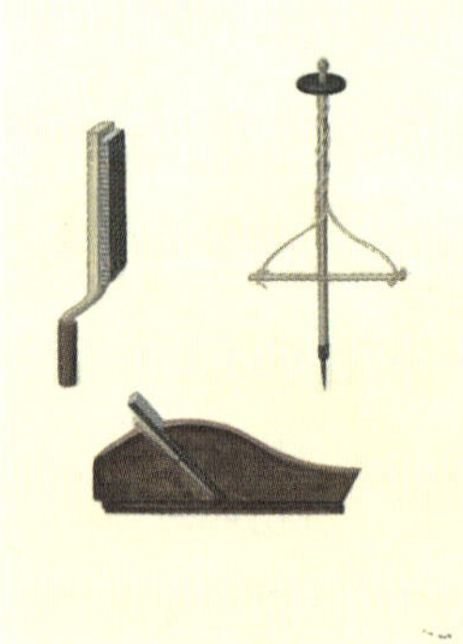

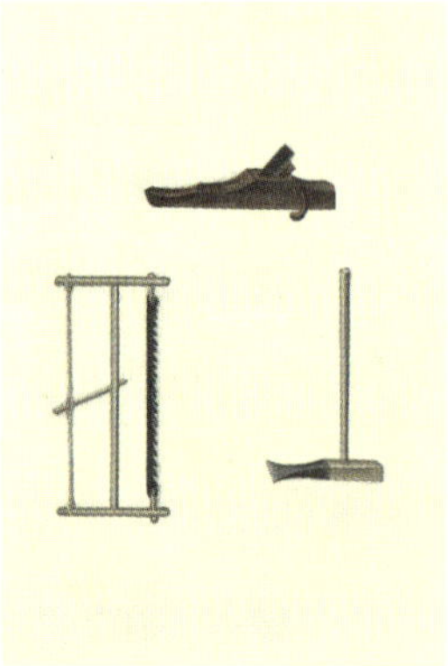

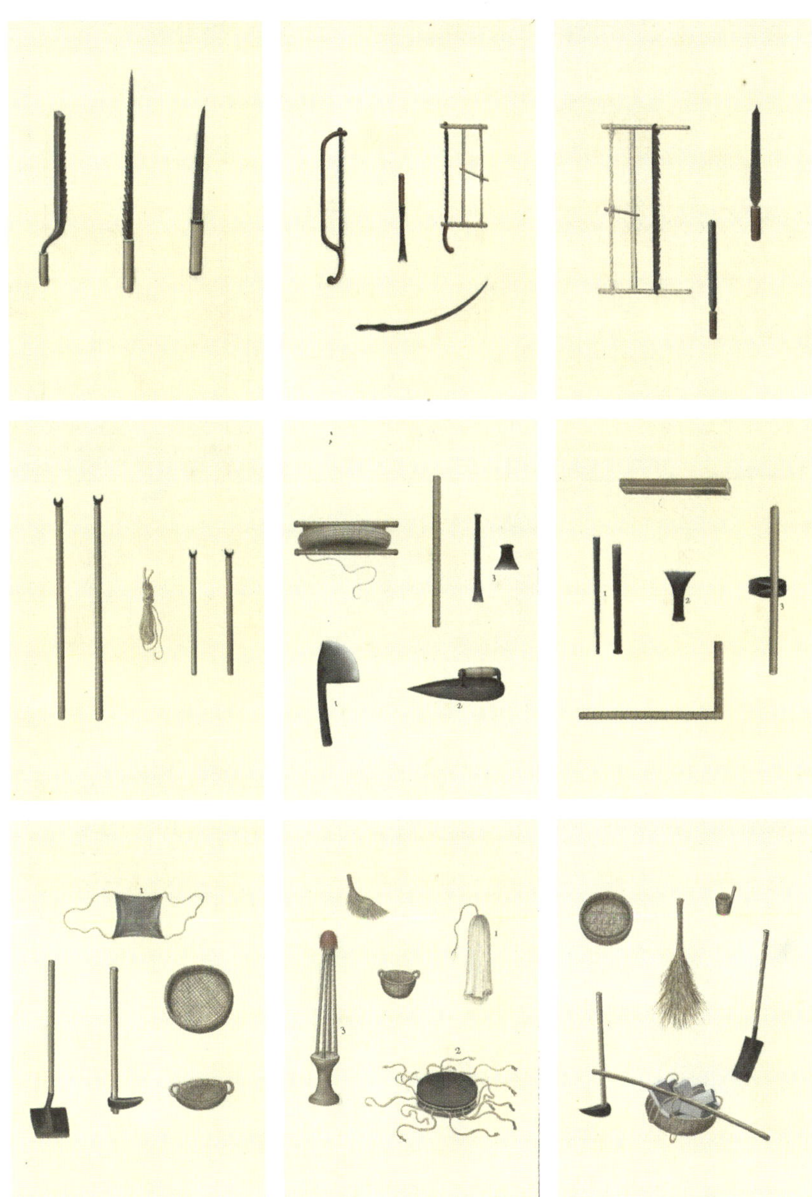

木制建筑

木匠劳作

修葺公堂

《鲁班经》插图

明代，民间匠师用书。选图主要展现了建造屋舍的工序和用具，以及一些常见的木质家居、木质房屋等。

构颇为相似。

房屋的框架结构是整个房子的“骨架”。古人在建造房屋时，会先确定好房子的“骨架”，架设好“骨架”后，再从房子的屋顶开始从上到下进行装饰，这种房屋建造程式直到今天依然被广泛使用。

版筑技术

“舜发于畎亩之中，傅说举于版筑之间，胶鬲举于鱼盐之中，管夷吾举于士，孙叔敖举于海，百里奚举于市……”（《孟子》）

傅说是殷商时期著名的政治家、军事家，曾辅佐商王武丁创造了中兴盛世。从上述《孟子》一书中可知，这位一代名相在出仕之前，其实只是一名从事版筑工作的奴隶。

古代的版筑工与现在的瓦工是颇为相似的，主要从事修建建筑物墙体的工作。而相比于一般的墙体修建，版筑是一种较为高效的墙体建造技术。

这里所说的版筑技术其实就是前面多次提到的夯筑或夯土技术，早在 4 000 年前的龙山文化时期，原始人类就已经掌握了这种技术。

所谓版筑技术，其实就是在筑墙时用两块木板夹在一起，两

傅说像

殷商时期的大臣，中国古代的政治家、军事家。在傅说从政前，他一直从事版筑工作。后被商王武丁起用，辅佐武丁治国兴邦，历史上著名的『武丁中兴』便出自他之手。

块木板之间的距离就是墙体的厚度，在确定好距离后，用木柱在两块木板外面进行支撑固定，然后再将泥土填入两块木板之间，用木杵将泥土压实筑紧，等到泥土风干后，拆去两块木板，便可得到一面夯土墙。

在使用版筑技术修建墙壁时，一般需要以下几个步骤。

选定挡土板：挡土板是必须用到的工具，墙壁两侧稍长一些的挡土板通常被称为榦，而墙壁前端较短的挡土板则被称为桢。

固定挡土板：在选定好挡土板之后，为了防止挡土板移动，还需要在其外立柱，在用绳索缚紧挡土板后，就可以进行填土打夯了。

梦赍良弼

典故出自《尚书·商书·说命》。讲的是商高宗梦见忠臣并寻觅忠臣的故事，主人公便是正在从事版筑工作的傅说。

填土打夯：填土后一般会使用夯杵进行打夯，夯杵的木柄多为木质，而夯头则有石质和铁质两种。

斩板：在打夯完成后，需要砍断绳索，并拆除挡土板，这一流程通常被称为“斩板”。

拆除插竿：在夯筑较高的墙体时，需要搭设脚手架，古人多会在夯层中放置插竿，然后在插竿上搭建脚手架。施工完毕后，拆除脚手架，将插竿留在夯土中，可以起到加固土层的作用。

我国战国时期许多诸侯国在建造城墙时，都使用了这种版筑技术，郑韩故城 40 千米长的城墙皆是用夯土分层筑起，晋国的赵康古城遗址也存在明显的夯土结构。

“乃召司空，乃召司徒，俾立室家。其绳则直，缩版以载，作庙翼翼。捄之陾陾，度之薨薨，筑之登登，削屡冯冯。百堵皆兴，鼛鼓弗胜。”

这是《诗经·大雅·绵》中对人们用版筑技术建造城墙的描述，其中关于筑墙时各种声音的交汇共响的描写，让人有一种身临其境之感。

古人在建造家居建筑时，也经常使用版筑技术，即使到今天，一些地区的泥瓦工在筑墙时，依然会用到这种技术，只不过现在在两块木板中填充的更多是水泥和石子的混合物，而不是泥土了。

榫卯连接工艺

如果说版筑技术是泥瓦工人必须具备的技术能力，那榫卯连接技术则是木工必须掌握的技术。一个古代木工的手艺是高是低，通过榫卯结构就可以看得一清二楚。

我国众多古代家居建筑不使用一颗铁钉，就能形成稳定牢固的结构，历经百年而不倒，就是因为使用了这种榫卯连接工艺。

榫卯是将两个构件凹凸部位相结合的一种连接方式，构件上凸出的部分通常被称为“榫”，而凹进去的部分则被称为“卯”，除了许多木结构建筑外，古人在打造木质家具和器械时，也都会使用这种方式。

按照不同的结构方法，榫卯连接工艺主要可以分为三种类型。

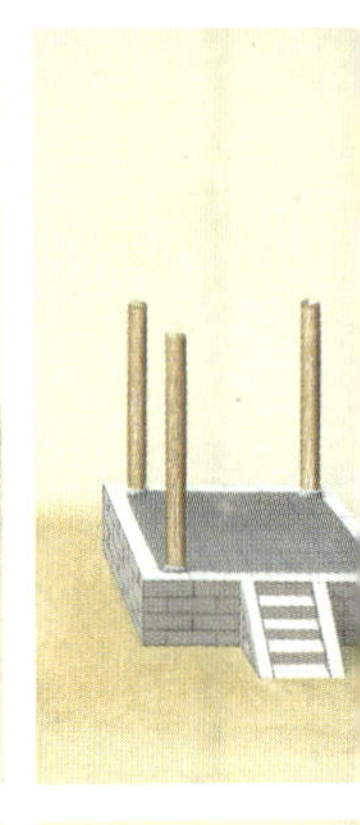
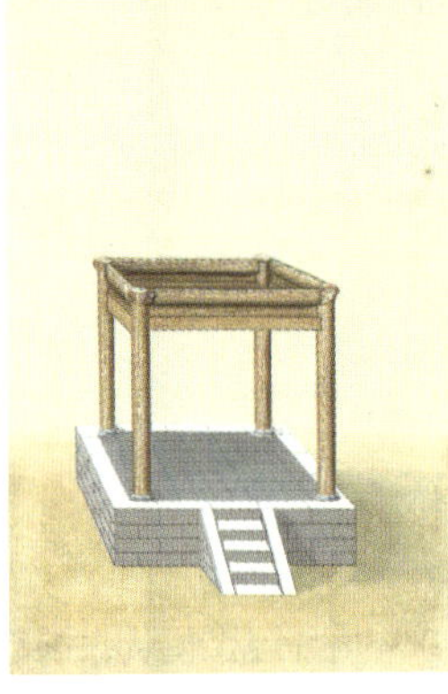

古代凉亭建造的分解步骤图

选自《中国建筑彩绘笔记——工具与样式》。『亭者，停也。人所停集也。』，顾名思义，凉亭是用来休息的场地。它的建筑面积较小，四周无墙面，造型比较轻巧。主要是建于林园、庙宇，以供人休憩、欣赏。古代凉亭建筑的款式多种多样，结构样式也种类繁多。此图集展示了古代凉亭建造结构的详细分解步骤。

榫卯结构的亭子

选自《中国建筑彩绘笔记——工具与样式》。

第一种类型主要是木构件面与面、边与边或面与边的接合，像燕尾榫、企口榫和穿带榫都属于这种结构类型。

第二种类型主要是横竖木构件丁字接合、成角接合、交叉接合，是一种点与点、点与面之间的接合，像双榫、双夹榫、勾挂榫都属于这种结构类型。

第三种类型主要是将三个木构件组合在一起并相互连接的结构方法，这种结构方法较为复杂，常见的有托角榫、长短榫和抱肩榫等。

这些不同类型的榫卯结构，在使用时具有不同的优势，可以广泛用于各种木结构件的连接之中。很多榫卯连接结构都是在日常建筑实践中，应对具体的问题而产生的，这也正是我国劳动人民的智慧结晶。

从当前的考古研究可知，我国最早使用榫卯连接工艺来建造房屋的是生活在长江流域的河姆渡人，他们在建造干栏式建筑时，就已经广泛运用这种连接工艺。在河姆渡文化遗址中，出土了许多榫卯结构的木制构件，比如圆榫、燕尾榫和凸形方榫等。

到了秦汉时期，榫卯的种类逐渐增多，榫卯砖、企口砖开始出现；隋唐时期，榫卯广泛应用于各式木结构家具之中，经过宋元时期的整理与总结，明清时期使用的榫卯结构已经超过了一百种，榫卯连接工艺也得到了显著提升，许多大型木结构建筑，通体没有一根铁钉，完全依靠榫卯连接，依然可以保持持久稳定。

相比于砖石灰泥砌造的房屋，使用榫卯结构连接的房屋在整体上更具弹性，更能够经受住一般的外力。如果不遭遇战乱攻伐或天火焚毁，这些木结构建筑往往能够存在百年，甚至千年之久，即使历经地震，也可以屹立不倒。

柱子与斗拱设计

“墙倒屋不塌”是我国古代木结构建筑的一个显著特点，这除了与木结构自身的抗震稳定性有关，同时还与承重的柱子有着密不可分的关系。

中国古人在建造房屋时，最先做的是用柱子和横梁搭建出整个房子的骨架，做完了这一工作后，才会再去做屋顶和墙壁。这就使得整个房子的承重任务落在了柱子上，墙壁更多的只是起到隔断室内外空间的作用，这也是很多古代建筑的墙壁已经倒塌，但整个建筑却仍然屹立不倒的原因。

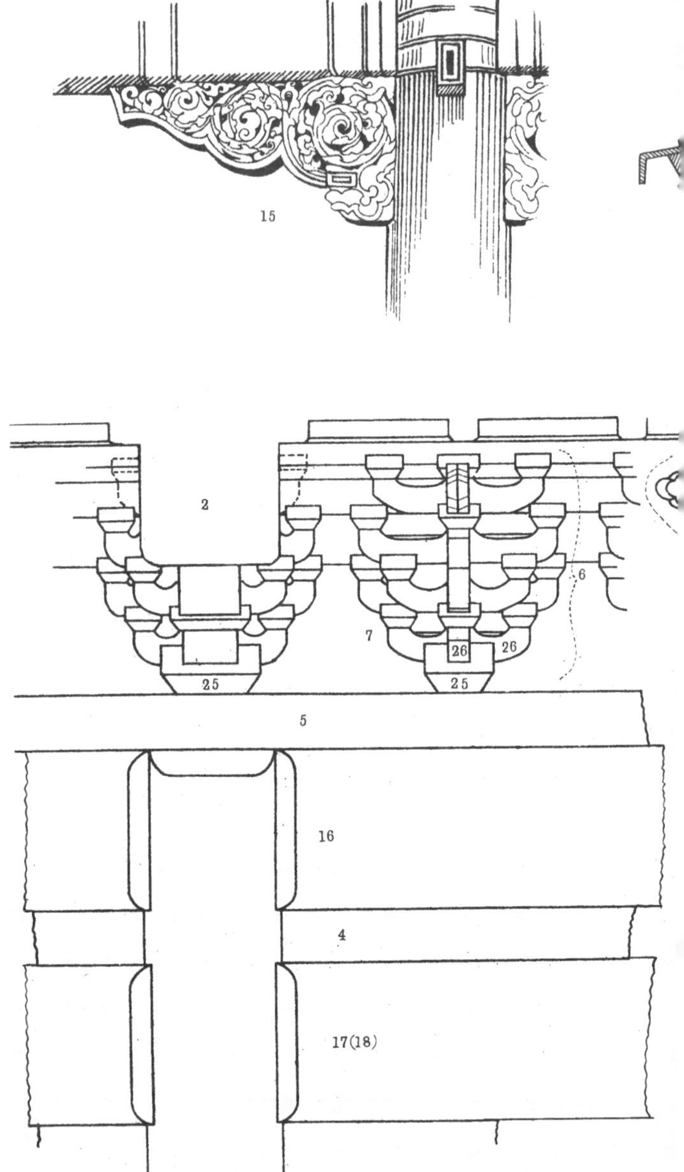

故宫大殿——建筑结构图

选自《燕京胜迹》（1927 年出版）。中国国家图书馆收藏。

1. 貫
2. 梁
3. 丸桁
4. 貫合ヒノ羽目
5. 臺輪
6. 斗拱
7. 斗合ノ羽目
8. 地棰
9. 飛椽棰
10. 拳鼻
11. 隅木
12. 繪様肘木
13. 雲形肘木
14. 通リ實肘木
15. 持送リ
16. 頭貫
17. 飛貫
18. 化粧貫
19. 蟇股
20. 花狹間
21. 裏板
22 實肘木
23. 繪様
24. 鬼龍子
25. 大斗
26. 肘木

故宫大殿——贯

选自《燕京胜迹》（1927 年出版）。中国国家图书馆收藏。

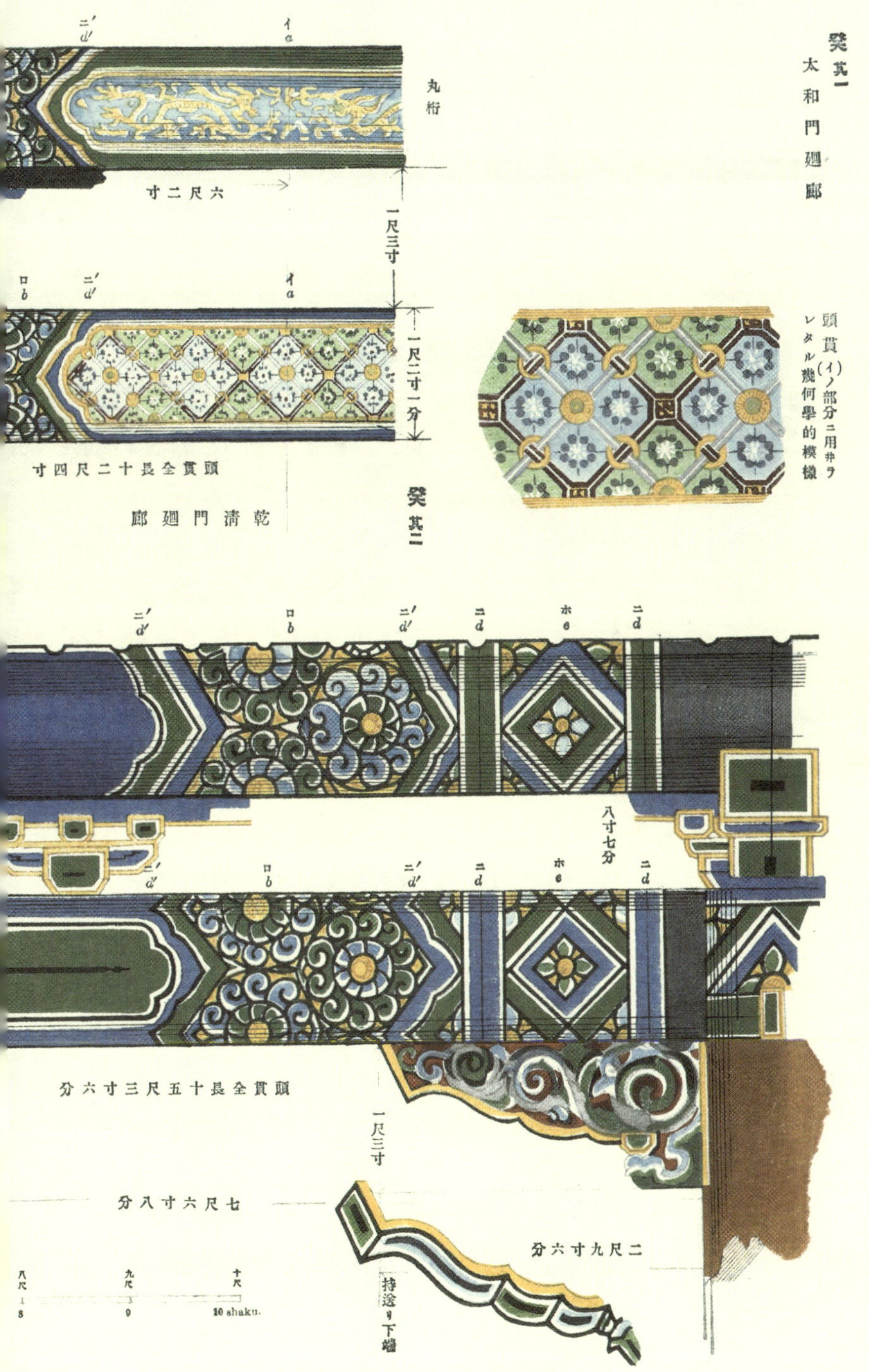

癸 其一
太和門廻廊
丸桁
ニ′ d′
イ a
六尺二寸
一尺三寸
ロ b
ニ′ d′
イ a
一尺二寸一分
頭貫全長十二尺四寸
乾清門廻廊
癸 其二
頭貫(イ)ノ部分ニ用井ラレタル幾何學的模様
ニ′ d′
ロ b
ニ′ d′
ニ d
ホ e
ニ d
八寸七分
ニ′ d′
ロ b
ニ′ d′
ニ d
ホ e
ニ d
頭貫全長十五尺三寸六分
一尺三寸
七尺六寸八分
二尺九寸六分
持送リ下端
八尺
九尺
十尺
8
9
10 shaku.

故宫大殿——梁

选自《燕京胜迹》（1927年出版）。中国国家图书馆收藏。

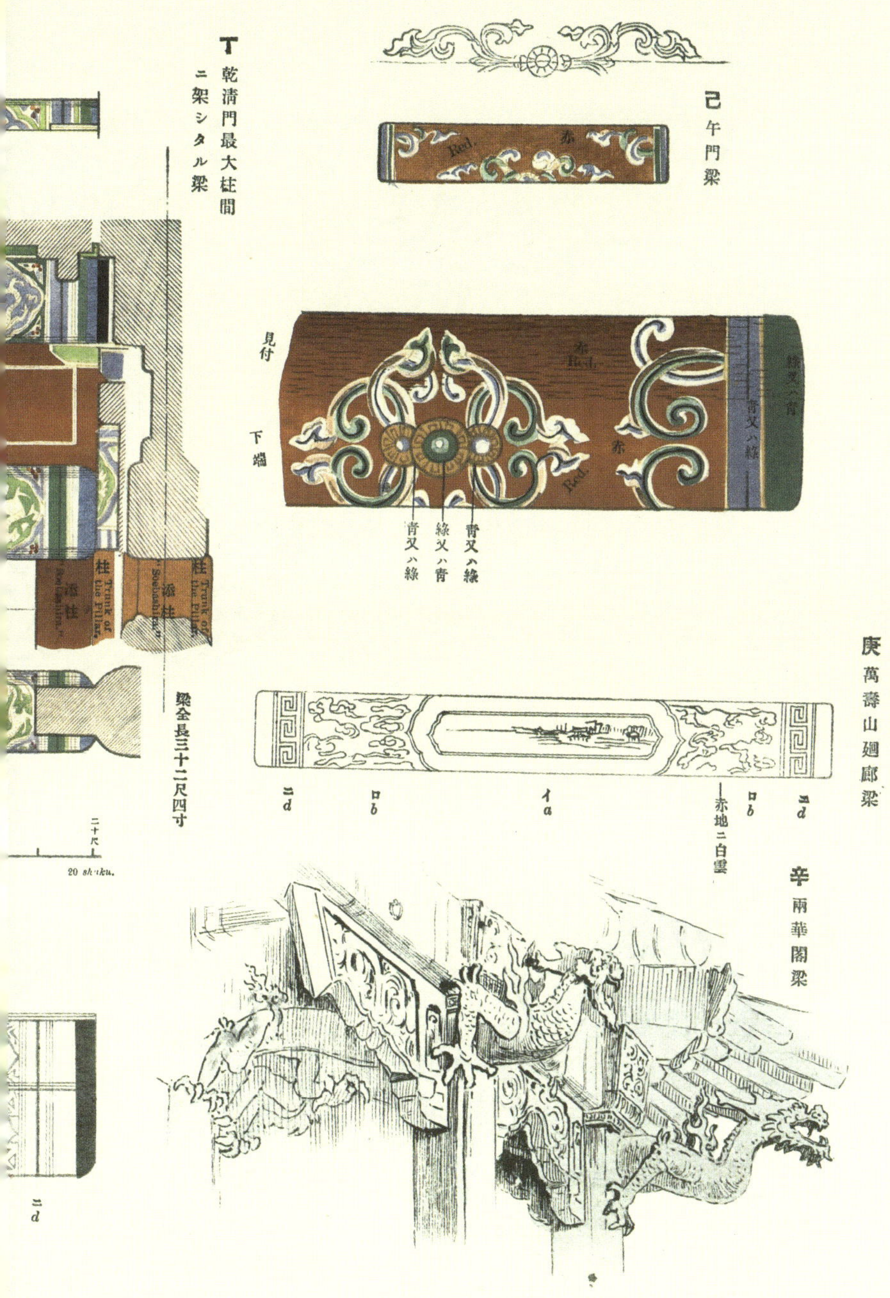
丁
乾清門最大柱間ニ架シタル梁
梁全長三十二尺四寸
二十尺
20 shaku.
柱
Trunk of the Pillar.
添柱
"Soebashira."
己
午門梁
赤
Red.
見付
下端
青又ハ綠
綠又ハ青
青又ハ綠
庚
萬壽山廻廊梁
ニ d
ロ b
イ a
赤地ニ白雲
辛
兩華閣梁

故宫大殿——持送

选自《燕京胜迹》（1927年出版）。中国国家图书馆藏。

持

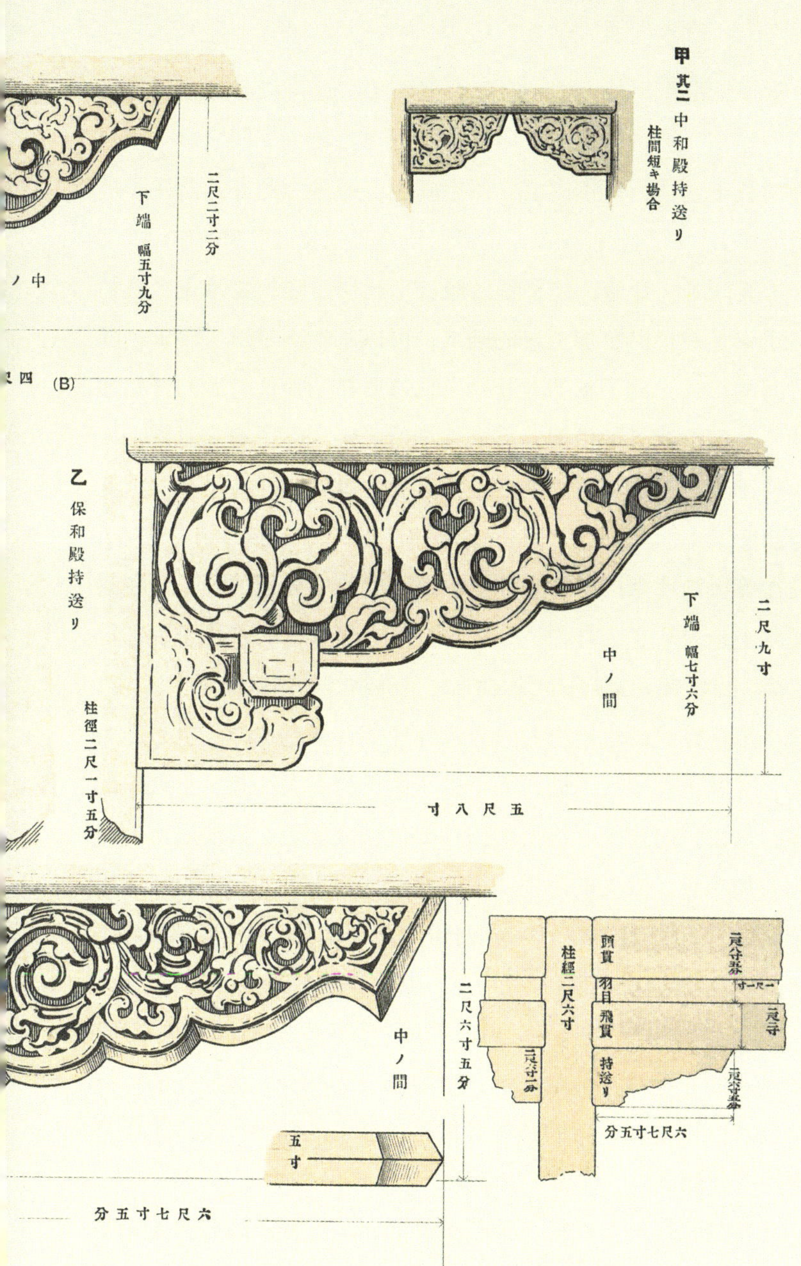
甲
其二 中和殿持逘り
柱間短キ場合
下端 幅五寸九分
二尺二寸二分
中ノ
四 (B)
乙
保和殿持逘り
下端 幅七寸六分
二尺九寸
中ノ間
柱徑二尺一寸五分
五尺八寸
中ノ間
二尺六寸五分
五寸
六尺七寸五分
柱經二尺六寸
頭貫
羽目
飛貫
持逘り
六尺七寸五分

除了承重作用外，柱子在整个建筑中，还可以起到分割建筑空间的作用。通常情况下，四根柱子可以组成一“间”，一幢建筑物的柱子越多，其室内的立体空间也会越多。此外，对柱子进行精细加工、雕刻各种纹饰，也可以让其起到装饰房屋的作用。

从殷商时代开始，柱子就已经被广泛用于建筑物承重，最初的柱子只是一根简单加工过的圆木，可以基本满足承重要求。随着时间的推移，到了秦朝，开始出现方形柱子，这时人们开始注重柱子与整个建筑的搭配，追求柱子的美感。到了唐宋时期，人们对柱子进行了更为精细的加工，更为精美的圆形柱子开始广泛流行起来。

在等级制度森严的封建社会，家居建筑中使用的柱子，在某种程度上也是屋主人身份的一种象征。有钱人家会将柱子装饰得极尽华美，没钱人家则只求找到一根足够结实的圆木即可。

在这一方面，建筑物大门两边的柱子在颜色选择上也是颇为讲究，《礼记》中有“楹，天子丹，诸侯黝，大夫苍，士黈”的记载，是说古时候天子居所的门柱要使用红颜色，诸侯居所的门柱则要用黑色，大夫的门柱要用灰绿色，而士人的门柱则只能用黄色。这正是用门柱彰显屋主人身份的重要表现，但从春秋以后，大多数建筑物的柱子都以红色为主，也就是古人常说的“丹楹”。

一个完整的柱子主要由三部分构成，最下面是柱础，多为石质，主要用来防止柱身下沉或腐烂；中间部分为柱身，为柱子的主体部分，可以做成各种不同的样式风格；最上面则是柱头，主要是用来接合柱和梁的，多为斗形结构。

最初的柱头较为简单，多是单层的斗形结构，随着古人建筑

故宫宫殿局部——斗拱

故宫宫殿局部——斗拱彩画

故宫宫殿局部——飞檐斗拱

故宫宫殿局部——琉璃斗拱

技艺与审美要求的不断提高，柱头与横梁的接合方式开始变得越来越复杂，也越来越精美。就这样，中国古代建筑中的斗拱结构开始登上历史舞台。

最初，斗拱只是柱头和横梁之间的一个接合构件，其主要作用是扩大柱头和横梁的接触面，从而增强梁柱之间的联系，让柱子可以承托屋顶的重量。随着古人生活习惯的改变以及时代的发展，斗拱在形制和作用上都出现了不小的变化。

盛唐时期，斗拱结构开始逐渐发展成熟。出于承托较大屋顶的需要，这一时期的斗拱古朴雄浑，结构也非常紧凑。经历了一个朝代的“压迫”，斗拱在宋代迎来“解放”，这一时期的斗拱不再那么紧凑，整体风格也更为简单。到了元代，斗拱彻底摆脱了原有的承重功能，完全转变成一种梁柱之间的装饰物。

斗拱的出现着实抢走了柱头的风采，在屋檐和回廊之下，随处可见斗拱的身影，它们造型独特复杂、层叠别致，同时还可以搭配各种精美的纹饰或配饰。斗拱结构可以说是中国建筑结构中最为精巧别致的部分，无论是高官显贵，还是普通百姓，都对斗拱结构青睐有加。

穿斗式建筑模型

抬梁式建筑——佛光寺大殿模型

屋顶样式

我国古代建筑屋顶的样式主要有两种，一种是较早出现的单檐屋顶，一种则是在其基础上形成的重檐屋顶。一般来说，寻常人家更多使用单檐屋顶，而身份地位较高的人家则会使用重檐屋顶。

单檐屋顶主要有庑殿顶、歇山顶、悬山顶、硬山顶、攒尖顶和卷棚顶等几种常见形式，其中，前四种单檐屋顶都只有一条正脊，而后面两种单檐屋顶则都是没有正脊的。

庑殿顶是最早出现的一种单檐屋顶，一共由四个坡面组成，四个坡面的接合处共有五条屋脊，所以这种屋顶又被称为“五脊式屋顶”。

相比于其他屋顶形式，这种屋顶从外观上看更为庄严肃穆，所以常见于宗教建筑的偏门或门堂，北京天坛的祈年殿和皇乾殿所采用的就是这种形式的屋顶。寻常人家在建造房屋时则较少使

重檐攒尖顶亭阁

选自《中国建筑彩绘笔记——工具与样式》。

四角攒尖顶亭阁

双层四角攒尖顶亭阁

重檐四角攒尖顶亭阁

六角攒尖顶亭阁

八角攒尖顶亭阁

卷棚硬山顶建筑

重檐卷棚歇山顶建筑

用这种屋顶形式。

歇山顶是在庑殿顶基础上演变而来的一种屋顶形式，其在庑殿顶左右屋顶的坡面上多增加了一部分山墙，这样就使得它比歇山顶多出来四条屋脊，因此这种屋顶又被称为“九脊式屋顶”。

与庑殿顶一样，歇山顶也多用在较高级别的建筑中，寻常百姓家通常是见不到的，但在皇宫大院中到处可见这种屋顶形式。

悬山顶和硬山顶颇为相似，二者都是两面坡顶，不同之处在于悬山顶的屋檐多伸到山墙之外，而硬山顶的屋檐则并不伸出山墙。大多数民间家居建筑多会采用这两种屋顶形式。

攒尖顶和卷棚顶都没有正脊，相对来说，卷棚顶与前面几种屋顶形式颇为相似，只是将两坡面相交处做成了圆形结构，因其可以与周边自然环境更好地融合，所以多用于园林建筑之中，承德避暑山庄出于这种考量，也别出心裁地选用了这种屋顶形式，而没有使用更为正式的歇山顶。

攒尖顶与前面几种屋顶形式差异较大，这种屋顶的屋面呈现为一个锥体，屋面交汇在一个点上，这个点就是整个屋子的最高点。这种屋顶形式多用于形状独特的亭阁，以及历朝历代的寺塔。根据屋顶形状的不同，这种屋顶又有圆攒尖、四角攒尖和八角攒尖等具体形式。

单檐屋顶是我国古代建筑的一种基础屋顶样式，在这种屋顶样式基础上，才出现了重檐屋顶。最初的重檐结构来源于高台建筑屋檐下面的一圈防雨披檐，经过不断改良发展，才有了今天的各式重檐屋顶形式。

前面提到的庑殿顶、歇山顶和攒尖顶都可以做成重檐的形式，本就庄严肃穆的庑殿顶在加上重檐之后，更显得雄伟气派，这使得古代帝王颇为欣喜，所以现在我们所看到的大多数皇宫主体建筑的屋顶都是重檐结构的。

无论是重檐庑殿顶，还是重檐歇山顶，这种规格极高的屋顶形式都只能出现在帝王贵胄之家，这是身份的象征，也是等级制度的规定。当然，这之中也会有例外，千古圣人孔夫子家的屋顶就采取了这种重檐歇山顶的形式，同时在屋顶上还搭配了黄色琉璃瓦，在屋顶规格上丝毫不逊色于帝王之家。

这种特例毕竟是少数，对于那些没办法采用这种重檐结构建造房屋的普通人家来说，在屋顶上配置一些简单瓦作，或是在屋檐上悬挂几个悬鱼配饰还是可以做到的。当然，这与皇帝家屋顶上的镏金铜瓦、镏金游龙是没办法相比的。

孔子纪念坊

选自《燕京胜迹》（1927年出版）。中国国家图书馆收藏。规格极高的屋顶形式只能出现在帝王贵胄之家，这是身份的象征，也是等级制度的规定。比较例外的就是，千古圣人孔夫子家的屋顶就采取了这种重檐歇山顶的形式，同时在屋顶上还搭配了黄色琉璃瓦，屋顶规格毫不逊色于帝王之家。此图为孔子纪念馆牌坊建筑，采用的便是较高规格的歇山顶的形式，可见孔子在人们心目中的地位极高。

第四节　古代家居建筑文化的传承

“天圆地方”“中庸平和”……这些传统的中国哲学思想，被匠人们广泛运用到家居建筑之中，为我国古代家居建筑赋予了更深的文化意义。直到现在，这种文化意义依然镌刻在中国人的精神之中，成为中华民族创新进步的动力源泉。

建筑哲学：天圆地方观

“天圆地方”是我国古人对宇宙天地的最初认知，经过几代人的探究拓展，这一理念逐渐成为我国传统文化中的一种重要思想。

从本质上来讲，“天圆地方”是我国阴阳学说的核心内容，同时也是《易经》阴阳体系中对天地生成及运行规律的一种解读。天上的日月星辰都在周而复始、永无休止地运动，而大地却如一个方形的静止物体，一方一圆，一动一静，这不正是世间万物的阴阳两面吗？

“天圆地方”不仅是天地宇宙范畴中的概念，同时也是我国古代重要的建筑哲学。我国古代建筑所讲求的“天圆地方”观，主要表现在对建筑结构方与圆的空间布局和空间造型上，这不仅是一种视觉层面的空间美，更是一种追求万物和谐统一的意境美。

无论是“上圆下方”，还是“内圆外方”，古人在营造建筑时，都在尽力去追求方与圆的统一，不是生搬硬套的方圆结合，而是在方圆之中寻求变化，这种追求为我国古代建筑平添了一种天人合一的美的境界。

古代帝王顺应了这种“天圆地方”的观念，将天坛建成圆形，而将地坛建为方形，南方北圆的“天地墙”也寓意着“天圆地方”的宇宙观。

普通百姓也顺应了这种“天圆地方”的观念，在修建完方形小院后，还要在小院中修建一处圆形水池。没有条件修建水池的人家，也要在院墙上开出一个圆形的月亮门来。这些都是“天圆地方”观念的重要体现。

无论是千古帝王，还是寻常百姓，都深深受到这种观念的影响。直到现在，我们在那些保存至今的传统建筑上，依然可以看到“天圆地方”的观念。

客家围屋可以说是最能体现“天圆地方”观念的一种传统建筑了，其布局采用方圆结合的方法，在整体上呈现出一个大的圆形结构，前半部分是半圆形池塘，后半部分为半圆形围屋，两个半圆合成一个圆代表“天”，两个半圆之间的方形则代表“地”，

园林中的圆形月亮门

在园林中做障景、漏景以及背景的景墙上的门洞。

「一房山」大堂外月亮门

「课花所」大堂外月亮门

这一平面布局正是“天圆地方”观念的主要体现。

相比于形象的客家围屋，老北京四合院中的“天圆地方”观念体现得就没有那么明显了。四合院在布局时采用对称建房的方式，形成了一种方形结构，这是较为明显的“方”的表现。院子的门窗皆向院内开放，整个四合院呈闭合状态，这可以看作是一种不那么明显“圆”的表现。整体来看，也是一种“天圆地方”观念的体现。

在建造自己的房子时，人们也会将自己对生活的各种观念、对建造的各种经验，以及对美的各种感悟融入房子之中，这为房子赋予了些许精神内涵。“天圆地方”观念正是古人赋予家居建筑的众多精神内涵之中的一个，它深刻影响了我国古代家居建筑的布局与样式，成为一种独特的建筑语言与建筑哲学。

实用性追求：房子是用来住的

古代人对家居建筑的追求有很多，但舒适实用这种追求往往会被摆在第一位，相比于那些皇家贵胄们居住的极尽奢华的宫殿建筑，普通百姓追求更多的是那些实用性更强的家居建筑。

以榫卯方式连接木结构件，来加固木结构房屋，就是古人对家居建筑实用性追求的一种表现。

在加固房屋这件事上，摆在古人面前的选择还是比较多的。比如他们可以使用绳索来扎结木头，也可以使用金属条来箍紧木头，或者使用钉销或胶粘的方法对木结构件进行固定。有这么多可选择的方案，为什么古人会如此偏爱榫卯结构呢？

从使用效果上来讲，这几种对木结构件的加固方式并没有太大的优劣之分。古人之所以多选择榫卯结构，而较少使用其他加固方式，主要还是出于实用性和成本方面的考量，同时还与建筑工艺的发展演变有一定的关系。

在榫卯结构应用之前，原始人类曾经大量使用麻绳扎结，所以在那一时期，麻绳扎结可能是最为实用的木结构件加固方式。但当河姆渡人在干栏式建筑中尝试使用榫卯结构后，麻绳扎结便逐渐退出建筑舞台。

当然，榫卯连接工艺也不是一上来就能独当一面的，在较长一段时期里，榫卯结构是与金属箍木技术一同使用的，较为典型的例子就是用金釭来加固榫卯连接处，防止木结构件因外力而分离。

随着时间的推移，古人的木材加工技术不断提高，榫卯连接工艺也日臻完善，这时金属箍木技术因为其应用成本相对较高，便逐渐退居“幕后”。就这样，榫卯连接工艺开始成为我国古代木结构建筑的主要加固手段。

房屋要足够稳定，这是古人对家居建筑的最基本追求，只有这样，人们才能在房子里面安稳地生活。木结构建筑框架以及榫

市井商业

市井商业

市井商业

江南街景图

选自《苏州市景商业图册》。展现了江南一带淳朴的民风、富庶的街市以及天然的美景。画面中人人各司其职，展现出一幅游商叫卖、商铺买卖、宴饮雅聚、百姓劳作的百业兴旺繁华的场景。画中大面积地向我们展示了明末清初时期的商用房屋和居住房屋等建筑，鳞次栉比、井然有序。

市井商业

河岸运货

出行游乐

拜堂成亲

宴饮雅聚

卯结构的应用，满足了人们对这种实用性的追求，因此才成为我国古人建造房屋的首要选择。

而西方世界最初建造房屋时，更多考虑的是宗教信仰和宗教崇拜，这让他们抛弃了木材而转向石材，虽然房屋建造的过程会更加费时费力，但房屋长久存在才是他们的首要追求。

石头房子在建好后很难再对细节之处进行修改，而木结构房屋却可以轻松地对细节构件进行调整，这也是我国古人对家居建筑实用性的一种考量。

艺术性追求：房子要尽善尽美

我国古代建筑多以“间”为基本单位，由一个个“间”构成单座建筑，由一个个单座建筑构成庭院，再以一个个庭院构成各种各样的建筑群落。从整体上看，一个建筑群落中，重要的建筑多呈对称分布，沿着横纵轴线进行设计，最终形成一种“众星捧月”之势，突出主体建筑的雄伟与壮美。

对于古代人来说，不仅大规模的建筑群落在设计时要讲求艺术性，个人的单个家居建筑设计也会追求这种艺术性的美感。

古人对美的追求是没有止境的，这种艺术性的追求在家居建筑设计上也显露无遗。在传统的木结构建筑中，装饰设计是一项十分重要的工程。

最初，古人在木结构建筑上增加装饰物，主要也是出于实用性考量，比如那些在屋檐上依次排开的小动物形象，其实最初是用来遮盖屋檐上的钉孔、防止雨水渗入腐蚀木结构的。最开始古人只是用一种类似盖帽的东西遮蔽这些钉孔，但慢慢地，这些形象生动的小动物便取代了盖帽的位置。

在追求实用性的过程中，我国古人逐渐产生了对家居建筑的艺术性追求，这样来解释上面的变化是较为合理的。

为了让木结构家居建筑能够更长久地保存下去，古人们想到了在其表面涂抹矿物颜料或漆墨的方法。经过涂抹加工后的木结构建筑，可以在一定程度上避免雨水侵蚀和昆虫蛀咬。在不断对油饰材料的改良和加工过程中，人们调配出了各种颜色的油料，同时在建筑上设计了许多彩画图案。人们又一次跳脱实用性的范畴，开始了对艺术性的追求。

这种通过绘制图案和纹饰，来增强建筑艺术性的方法，早在新石器时代就已初见端倪。从当前的考古研究中可以发现，一些泥塑残块上出现了明显的浮雕和图案纹饰，这些装饰很可能就是原始人类用来装饰房屋的。

这些简单的建筑物装饰自然不是古人对建筑物艺术美的全部追求。如果按照空间部位来划分，中国的建筑物装饰可以分为外檐装饰和内檐装饰两大类别。

外檐装饰主要是指室外的一些装饰，以及分割室内外的一些物件的装饰，比如对房屋门、窗、户、牖的装饰。由于这类装饰多暴露在户外，容易遭到日晒雨淋，所以在选材和雕饰方面，会更多考虑对物件的保护作用。

内檐装饰多是一些室内装饰，比如栏杆罩、落地罩、博古架和护墙板等。这些室内装饰在设计时，要考虑到与室内家具的搭配问题，所以在用料、雕刻和设计上会更为精细，成品通常具有较高的艺术观赏价值。

可以看出，在满足实用性追求的基础上，我国古人开始在家居建筑的艺术美上下功夫。好的建筑装饰既能够很好地确保建筑的稳定性和实用性，同时还能提升建筑物的艺术品质。生活在这样的房屋之中，古人的生活质量和幸福感应该也会随之提高吧。

精神性追求：房子是身份的象征

“房子是身份的象征”，这种表述即使放在现在也没什么不妥。在追求家居建筑艺术美的过程中，古人同样也有着自己的精神追求。

前面提到，在封建社会，建筑物门柱颜色的设计受到严格限制，不同身份的人需要选用不同的颜色。这一问题在建筑装饰方面依

商喜绘《明宣宗行乐图卷》

现藏于故宫博物院。此画卷表现的是明宣宗朱瞻基着便服在园中观赏体育活动表演的场景。画中红色墙门内小桥流水，草木繁盛，一片欣欣向荣之景。此卷描绘了大量的建筑，以细腻工整的手法还原了明代皇宫精致的亭台楼阁，生动地向我们展现了皇宫富丽的建筑和奢华的生活。

然存在，而且还要更为严重。

金、朱、黄是最高贵的色彩，只能用于帝王贵胄的宫室之中；青、绿是次等的颜色，主要用于文武百官的官邸之中；黑、灰属于最下等的颜色，平民百姓的茅舍更适合用这种色调。

除了建筑装饰颜色的差异外，从各类建筑装饰物的形制上，也可以明显看出屋主人的身份地位。

比如，《明史》中有记载："亲王府四城正门以丹漆金钉铜环；公王府大门绿油铜环；百官第中公侯门用金漆兽面锡环；一二品官门绿油兽面锡环；三至五品官门黑油锡环；六至九品官门黑油铁环。"从最为直观的"铺首衔环"就能看出屋主人的不同身份。

除了上面提到的这些差异，家居建筑的体量与结构样式同样能够显出屋主人的身份。帝王的宫殿自然不必多讲，朝廷之中的文武百官虽然不能突破等级限制，去建造一些媲美皇室的宫殿，但在合规的范围内，修建足够规格的宅邸却是很现实的。

因此，在这种情况下，极尽所能，让房子更能凸显自己的独特气质，逐渐成为古人对家居建筑的一种精神追求。

在某种程度上，这种精神性追求与艺术性追求是相一致的，但在一些特殊的情况下，这些精神性追求又是超脱艺术性追求之外的。

刘禹锡的"陋室"虽然简陋狭小，但"苔痕上阶绿，草色入帘青"这样独有的自然景致，丝毫不比宫室之中的红砖绿瓦、锦绣图腾逊色多少。"谈笑有鸿儒，往来无白丁"这样的人文风光，更是将"陋室"之美提升了几个层次。

如果从艺术美的角度来讲，刘禹锡的"陋室"无论在内外装饰，还是在结构形制上，都达不到"美"的标准。但如果从精神追求的层次上来讲，“无丝竹之乱耳，无案牍之劳形”不正是屋主人的精神追求吗？

古人对古代家居建筑的精神追求更多表现在强调建筑与自然的融合，追求一种“天人合一”的哲学境界。再美的建筑如果无法融入周边的自然环境之中，也是缺乏生气和生命力的。古人大量使用木材来建造房屋，很多时候也是出于这种精神性的追求。

明代　董其昌绘《秋林书屋图》

长 54.4 厘米，高 58.1 厘米。作者用黑色墨点与线条绘制了一幅林中书屋图景。书屋依河畔而建，坐在窗边读书就能欣赏到窗外的山水花草美景。山清水秀，环境优美，空谷幽静，远离世俗纷扰。

贰 匠心与旨趣

第一节 居室之幽

『陋室不陋』，除了室主人品性高雅外，还要在门、阶、窗、栏上下些功夫才行。无论是重金造屋，还是简单修饰，想要让居室变得更为幽雅，都要从整体上进行规划并在细节处着眼，门、阶、窗、栏上的装饰设计即是如此。

门的设计

用木为格，以湘妃竹横斜钉之，或四或二，不可用六。两旁用板为春帖，必随意取唐联佳者刻于上；若用石梱，必须板扉。石用方厚浑朴，庶不涉俗。门环得古青绿蝴蝶兽面，或天鸡、饕餮之属钉于上为佳，不则用紫铜或精铁，如旧式铸成亦可。黄、白铜俱不可用也。漆惟朱、紫、黑三色，余不可用。

《长物志》专门用一篇介绍了古代家居建筑中门的材料、装饰，以及门槛、门环、门漆等细节，足以看出门在家居建筑中的重要地位和作用。

门是古代家居建筑中的一个重要组成部分，作为建筑物的出入口，它所处的位置极为显眼，因此在设计上也有颇多讲究。

宫苑寺庙大门

显贵之家大门

大门

选自《中国建筑彩绘笔记——工具与样式》。大门由门框、门头和门扇以及各种装饰物组成，越是显赫之家，门的结构和装饰越是复杂，装饰色彩呈现多样化。关于门漆的颜色也有着严格的规定。『人主宜黄，人臣宜朱』，其中朱漆大门也是显贵的象征。

在古代，一个完整的门一般由门框、门头和门扇组成。门框是门的主体框架，主要由门扇左右的两根框柱和门扇上面的一根平枋组成；门头是门框上面用来遮挡风雨的两面坡屋顶；而门扇则是我们关注最多的大门主体部分，在家居建筑中较为常见的多为两扇门，也有一些建筑会使用一扇门或多扇门。

相较而言，在门的设计上，古人更注重门扇的装饰。即使是一般人家的住宅，门扇的设计也是颇为繁复的。

古代家居建筑的门扇多为拼合板门，这些拼合板门通常由几块木板横向拼合而成，通过在门后加上几条横木，再用铁钉由外向内钉实，以起到固定门板的作用。《长物志》开篇提到的用“湘妃竹横斜钉之”，说的就是固定这种拼合门板的方法。

门环在门扇的中央，多为兽面形状，被称为“铺首”，《长物志》中“古青绿蝴蝶兽面，或天鸡、饕餮”就是比较常见的兽面门环。

古人认为这种兽面门环具有驱邪避害的功效，而从实用性和美观性角度考虑，在门扇上放置门环，不仅可以方便开门关门，同时还可以作为一种很好的装饰。

除了这种位于建筑最显眼位置的正门外，古代家居建筑中还有许多藏于院内的门，隔扇门就是较为常见的一种。居室、堂屋或是临街的店铺都会使用这种门，我国南方的一些园林建筑中也会经常见到这种门。

与家居建筑的正门相比，隔扇门虽然没那么端庄厚重，但在装饰的惊艳程度上却是丝毫不差。

隔扇门的隔心和裙板是整扇门最为精彩的部分，到了明清时期，隔扇门上已经出现了 40 多种隔心花纹，不同等级建筑上的隔心花纹也多有不同，越是大户人家，越会选用那些制作难度较高的隔心样式。

隔扇门的裙板上也会出现大量装饰，这些装饰多以彩绘、木雕为主，古人不仅会在裙板上刻画花鸟鱼虫等动物形象，同时也会绘一些历史人物，具有极高的艺术欣赏价值。

当我们在古镇中游览，仔细观看古镇每户人家的门时，会发现这些看上去大同小异的门其实在细节上都有所不同，这正是古代人对自家“门面”的独特设计。

阶的设计

自三级以至十级，愈高愈古，须以文石剥成，种绣墩或草花数茎于内，枝叶纷披，映阶傍砌。以太湖石叠成者，曰“涩浪”，其制更奇，然不易就。复室须内高于外，取顽石具苔斑者嵌之，方有岩阿之致。

《长物志》一书认为，台阶越高就显得越古雅，如果能再在台阶两边搭配一些绣墩草，那整个台阶就更美好了。用太湖石修砌的台阶虽然更别致，但对工匠的技术要求比较高，复室建筑使用那些未经开凿并带有苔藓斑痕的石头来做台阶，效果显然会更好一些。

作为我国古代建筑的一种显著外在特征，台阶在很多时候都是作为封建等级制度的标志而存在的。秦汉时期的宫殿多建在较

《随园湖楼请业图》

尤诏　汪恭。绢本设色。长302厘米，宽41厘米。此画记录了随园主人袁枚及其家人弟子两次参加湖楼诗会的场景。围墙内布景精致，不难看出文会场地的山石花草和亭台错落有致。文集之地高于园内其他场地，登阶而上，更是有栏杆相围。

《文会图》

清代佚名绘。宽35.8厘米，长392.6厘米。描绘的是文人雅客们三五成群在一庭院亭阁内品书、作画、下棋的场景。画卷中修葺的亭阁台基高出地面三个台阶，台基及台阶的装饰精美、刻工精致，假山石和花草树木摆放有序，表达了主人对台面设计的庄重感和对庭院设计的美感的追求。

高的高台之上，这就需要用很长的台阶将其与地面相连，古代帝王恨不得能够建起通天的台阶，进而让自己更接近天上的神明一些。

古人最初称台阶为“踏步”，到了宋代改称“踏道”，清代则又称其为“踏跺”。从具体形式上来分，台阶可以分为阶梯型踏步和坡道两种类型，在这两种类型之下，又有御路踏跺、垂带踏跺、如意踏跺、慢道之分。其中，皇帝宫殿前的台阶被称为“陛”，文武百官称呼皇帝为“陛下”，其实是在说自己在台阶之下向皇帝禀报事情。

帝王宫殿内台阶中间的部分一般不砌

天坛全景

选自《燕京胜迹》（1927 年出版）。中国国家图书馆收藏。

天坛之皇穹宇

选自《燕京胜迹》（1927 年出版）。中国国家图书馆收藏。

石条，而是用大理石或汉白玉等石料雕刻出龙纹图案，这一石面通常被称为“御路”，人不能在上面行走，其主要是作为装饰物用来凸显帝王气势的。

在帝王宫殿建筑之外，台阶就变得没那么庄严肃穆了，尤其是在江南地区的宅院之中，台阶所展现出的更多是艺术上的美感。

江南地区家居建筑的台阶一般只建几级，很少有那种延伸十几级或几十级的台阶。相比延伸台阶的长度，屋主人们更喜欢在台阶两旁进行装饰。比如，沿着台阶种上一些鸢尾、虞美人这样的花草，或是在台阶周身点缀几许青苔。如果在山林之间架屋，还能将一些自然风光融入台阶的设计中，进一步增添台阶的美感。

除了对台阶设计的庄重感和美感的追求，古人对登台阶的礼仪也是颇为在意的。

《礼记》有载：“主人与客让登，主人先登，客从之，拾级聚足，连步以上。上于东阶则先右足，上于西阶则先左足。”这是古人登台阶时的规矩——在登台阶时，主人与客人先礼让一番，而后主人先登，客人跟随。每上一层台阶，一只脚踏上后，另一只脚也必须跟着踏上，等两脚齐平后，才能再上第二层台阶。

古代人所追求的生活品质，更多体现在这种抽象的精神层面上，即室可以陋，但该具备的物件是一样不能少的，台阶作为这些物件中并不算起眼的一个，也依然得到了古人足够的重视。

窗的设计

> 用木为粗格，中设细条三眼，眼方二寸，不可过大。窗下填板尺许。佛楼禅室，间用菱花及象眼者。窗忌用六，或二或三或四，随宜用之。室高，上可用横窗一扇，下用低槛承之，俱钉明瓦，或以纸糊，不可用绛素纱及梅花簟。冬月欲承日，制大眼风窗，眼径尺许，中以线经其上，庶纸不为风雪所破，其制亦雅，然仅可用之小斋丈室。漆用金漆，或朱、黑二色，雕花、彩漆，俱不可用。

《长物志》中对窗的雕花装饰进行了说明，指出在雕花装饰及漆色选择上以淡雅为主，同时还提到了窗户的透光性问题。

通风透光可以说是窗对于人的生活最主要的意义，如果一间房子没有窗户，那生活在其中的人也会因为感受不到风与光，而

宫苑庙堂建筑

民居建筑

隔扇门和隔扇窗

选自《中国建筑彩绘笔记——工具与样式》。门房多采用隔扇门和隔扇窗。隔扇窗又称槛窗，设在槛墙之上。两者都由边框、隔心、裙板、绦环板和抹头这些基本构件组成。隔心部分为了采光的需要，采用透空的设计，即在木头上雕刻出镂空花纹，做工复杂，细腻精美，木块穿插拼合妙趣横生，且寓意美好，在中国古建筑的装饰中为精彩绝伦之手笔。

变得沉闷抑郁。

古人最初设计的“窗”类似于现在的汽车天窗，只是在房子的某处开一个孔洞，用来通风和采光。这时的窗被称为“囱”，它们在作用上确实有点像现在的烟囱。

随着人类建筑形制的演变，这种“囱”开始被“牖”取代，《说文解字·穴部》有“在墙曰牖，在屋曰囱”的说法，由此可知，这“牖”是一种开在墙壁上的窗，这与现在的窗已经颇为相似了。

再继续演化下去，“囱”就真的成了烟囱，而“牖”则逐渐发展为现在屋檐下的通风窗了。为了能够获得更多的光照，古人便不断增加窗的数量，最终形成了现代我们所用的窗的模样。

在窗的形制设计上，古人们充分发挥了自己的想象力与创造力，他们将那些简单的线条和几何图形巧妙结合，制作出了一扇扇精美绝伦的窗。

板棂窗是较早出现的一种窗，它主要由窗框和竖向排列的棂条组成，背面通常会用纸糊住，是一种不可开启的固定窗。

支摘窗可以分上下两部分，上为支窗，下为摘窗，支窗部分可以支起，而摘窗多为固定形式。这类窗通常会做成内外两层，内层多为透风纱窗，这样在打开支窗后，纱窗还可以起到隔离蚊虫的作用。

漏窗可以说是形式最为自由的一种窗，虽然不能开启，但其可以被做成任何形制，许多漏窗上的图案本身就是一种美丽的景致。透过漏窗装饰观看屋外的自然环境，更会有一种贴近自然之感。

空窗只有窗洞而没有窗棂，这种窗更多被设置在庭院中的墙壁上，目的是让几个相互隔绝的空间穿插渗透，将内外景致融合在一起。透过空窗观看外面的景色，会有一种空灵深邃的感觉。

相比于实用性特征，古人更多地追求窗的艺术性特征，他们将所有的匠心与旨趣都用在了装饰窗子上，这也让窗一步步成为家居建筑最为明亮的“眼睛”。

栏杆的设计

> 石栏最古，第近于琳宫、梵宇及人家冢墓。傍池或可用，然不如用石莲柱二，木栏为雅。柱不可过高，亦不可雕鸟兽形。亭榭廊庑，可用朱栏及鹅颈承坐。堂中须以巨木雕如石栏，而空其中，顶用柿顶，朱饰；中用荷叶宝瓶，绿饰。“卍”字者宜闺阁中，不甚古雅，取画图中有可用者，以意成之可也。三横木最便，第太朴，不可多用，更须每楹一扇，不可中竖一木，分为二三。若斋中，则竟不必用矣。

《长物志》认为石栏杆比较古老，可以设置在池塘周边，但却不如木栏杆雅致。亭榭廊庑的栏杆可以选用朱红漆，但最好不要使用三条横木，这样虽简单，却显得过于笨拙。

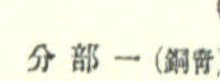

(六十五)

乾清宮內火鉢ノ臺(木)一部分

(青銅)一部分

(六十六) 寶華殿內佛具(木)一部分

(六十九)

具(木)一部分(塔ノ高欄)

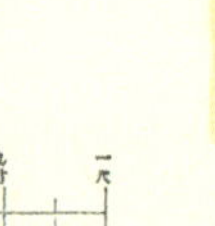

(六十五)(六十六)用縮尺

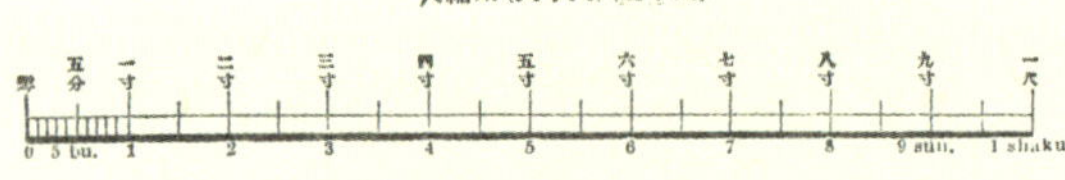

(六十七) 太和殿內香爐(青銅)一部分

北京皇城建筑装饰——故宫栏杆纹样

选自《燕京胜迹》（1927年出版）。中国国家图书馆收藏。

（七十一）雨華閣內佛具（木）一部分

（七十二）雨華閣內佛具（木）一部分（塔ノ高欄）

(六十七)-(七十四)用縮尺

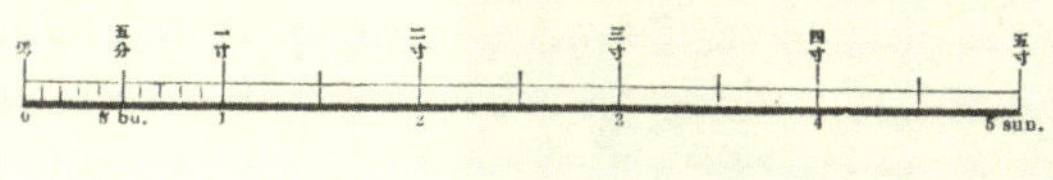

(七十三)

寶華殿內佛具(金屬)一部分

(七十四)

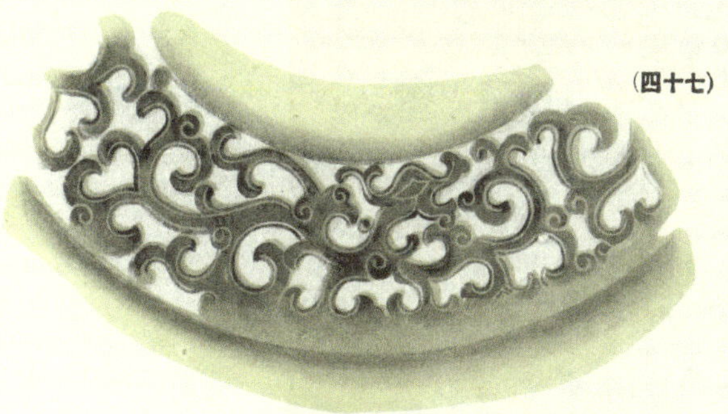

太和殿內器具(青銅)一部分

（七十）第「六十九」ニ同シ

明代 《西园雅集》轴

长114.8厘米，高64.9厘米。此卷中描绘了文人雅客三五成群地赋诗论道、写字作画、鸣琴奏乐的场面。图中聚会之地层台累榭、雕栏玉砌、布局细腻。栏杆为建筑整体增色不少。古代文人的聚会称为雅集，历史上最著名的雅集有两个，一个是东晋时期的『兰亭集』，另一个便是北宋汴京的『西园雅集』。『西园雅集』之所以出名，是因为当时李公麟的画和米芾的题记，以及出席雅集的文人雅客。后世景仰之余，纷纷摹绘《西园雅集》，以至于《西园雅集》成了一个常见画题。

栏杆这种重要构件，在家居建筑中总是与台基形影不离，只要是稍微高一些的台基，都会相应地配置一些栏杆。可以说，栏杆的设计是融入台基的整体造型之中的。

从上面这层意义来看，栏杆修建的意义更多是出于安全考量，防止人们从台基边缘摔落下去。在一些大户人家的庭院之中，亭台楼榭也会设置栏杆，这相当于一种围挡，来阻止人们随意往来。

栏杆最早在周朝时出现，到了汉代得到普及，与栏杆一同出现并发展的还有寻杖、华板和望柱等建筑构件。到南北朝时期，栏杆已经基本具备了现代栏杆的形制，明清时期的发展更多表现在栏杆上的装饰物变得更为多样。

身上的装饰物越来越多，栏杆也逐渐跳脱实用性范畴，开始成为一种装饰性建筑构件。普通的家居建筑更多会对栏杆本身进行加工雕刻，让其整体形象更为美观，而园林建筑中的栏杆则更讲求与景物之间相契合，许多匠人会将其做成花墙之类的装饰构件，用来增加园林建筑的整体美感。

无论是木栏杆，还是石栏杆，作为家居建筑构件中的一个，在设计时更多地要与家居建筑的整体风格相契合。好的栏杆设计虽然不会起到画龙点睛的作用，但作为一处重要的点缀，也可以为整个建筑增色不少。

照壁的设计

得文木如豆瓣楠之类为之，华而复雅，不则竟用素染，或金漆亦可。青、紫及洒金描画，俱所最忌。亦不可用六。堂中可用一带，斋中则止中楹用之。有以夹纱窗或细格代之者，俱称俗品。

《长物志》认为，那些纹理分明的天然木材适合作为照壁材料，使用水漆可以漏出木材的天然纹理，是一种比较好的选择，而使用青紫、描金的浑水漆则只能创造出庸俗的照壁来。

照壁又被称为“影壁”，在中国人的建筑中是正对大门用作屏障的一种墙壁。除屏障作用外，照壁还具有分隔空间和美化装饰的作用。

各式各样的照壁

选自《中国建筑彩绘笔记——工具与样式》。

在古代建筑中，不同身份，不同用处，都有着不同类别的照壁形式，其装修风格也大不相同。

1 民间木照壁
2 官宦人家照壁
3 察院衙门照壁
4 部院照壁
5 喇嘛寺照壁
6 帝王庙照壁
7 大堂照壁
8 国家照壁

	1	2
3	4	5
6	7	8

一个完整的照壁由壁座、壁身和壁顶组成。壁座在形制上与台基颇为相似，也有的壁座会设计成须弥座的样式；壁身作为照壁主体，其上会雕饰各类纹样；壁顶则通常采用歇山顶或庑殿顶的形制。

一般来说，帝王贵胄府邸的照壁多规模较大，装饰也华丽异常；名门士族家的照壁虽然规模略小一些，但装饰也是极尽华美；即使是寻常百姓家，也不会忽略掉照壁的设计，有条件的做一些简单装饰，没条件的也会立一面土墙。外人从这一面照壁中，也可看出房子主人的身份差别来。

从制作用料上来划分，照壁可以分为砖照壁、木照壁、石照壁和琉璃照壁等几种类型。

砖照壁是最为常见的照壁类型，大多数砖照壁会在壁身涂抹一层白灰，来突出壁身上的纹饰；木照壁因为不经风雨、不耐腐蚀，所以较为少见；石照壁也并不多见，但大多数琉璃照壁的基座会采用石料建造；琉璃照壁是在砖照壁的基础上用琉璃构件包裹外壁制作而成，会大大增加照壁的美观程度。

若从照壁所处的位置来划分，照壁又可以分为门内照壁、门外照壁和大门两侧照壁三种类型。

门内照壁在建筑物之内，与大门保持一定距离，大多数家居建筑会使用这种照壁类型；门外照壁在建筑物之外，同样与大门保持一定距离，一般多是规模较大的建筑群使用这种照壁；门侧照壁位于大门的一侧或两侧，有的呈八字形，有的则呈一字形，这种照壁会与门楼形成统一整体，成为大门的一种额外装饰。

古人认为在家居住宅中建造照壁，可以防止鬼魅邪祟对家人造成伤害，同时也能够防止财气外泄。而从实际功用上来看，照壁主要可以增加住宅的美感，改变住宅内空气流动，调控住宅的冷暖温度。

北海九龙壁

中国古代共有三座有名的九龙壁，一座在山西大同，明初所建，历史悠久；一座在故宫的宁寿宫前壁面，是清代乾隆时期所建。还有一座便是北京园林——北海公园内的九龙壁。北海九龙壁是我国最完整的一座九龙壁，整体是由琉璃砖瓦和汉白玉等建造的，色彩艳丽，制作精美庄重。

第二节　几榻之全

在布置居室内部时，古人会根据自己的喜好选择合适的家具，当然，限于历史、技术条件等，不同朝代的人在选择家具时，又存在显著的区别。几与榻的高矮、床与屏的距离、桌与墙的空隙……这些都是古人在装饰居室时要仔细考量的方面。

几与榻

古人制几榻，虽长短广狭不齐，置之斋室，必古雅可爱，又坐卧依凭，无不便适……今人制作，徒取调绘文饰，以悦俗眼，而古制荡然，令人慨叹实深。

榻坐高一尺二寸，屏高一尺三寸，长七尺有奇，横三尺五寸，周设木格，中贯湘竹，下座不虚，三面靠背，后背与两傍等，此榻之定式也。

几以怪树天生屈曲若环若带之半者为之，横生三足，出自天然，摩弄滑泽，置之榻上或蒲团，可倚手顿颡。

《长物志》中指出，古人最初制作几榻时，有固定尺寸，追求舒适自然，但发展到后面，人们便开始追求几榻的美观程度，而逐渐不再遵循古制。

在家居建筑中，几榻是重要的室内家具，无论是哪个朝代的

明皇训子图中的坐具

手卷　绢本　宋徽宗款。古人制作卧榻，追求的是舒适自然，并且在发展过程中形式也越来越精美。卧榻是重要的室内家具之一。

韩熙载夜宴图（局部）

清人绘。从图中可看到宾客们在庭院里使用的家具有桌椅、案几、屏风、卧榻等。图中侍女演奏乐器，仆人在旁伺候，桌上食物丰富，宾客安坐在椅子和卧榻上聊天赏曲，好生安逸。

长方几

清乾隆时期 菠萝漆戗金花鸟图 长79厘米。

凉榻

清代 红木 长204厘米，宽96厘米，高52厘米。

古人，但凡对家居建筑装饰有些研究的，都会将“几榻有度”作为室内装修的第一要旨。

几榻是几与卧榻的合称，几通常指相对低矮的桌子、茶几，而榻则是古时候相对窄小的床，是一种坐卧家具。

在魏晋南北朝以前，古人的家居建筑中并没有桌椅板凳之类的家具，需要坐下时，通常会在地上铺一张席子，“席地而坐”之说正是由此而来。当时的古人不仅谈经论道时会坐在席子上，就连睡觉也是睡在席子上。

当榻和床出现后，席子的作用被取代，古人开始在榻上坐卧、论道。与使用席子一样，古人在榻上依然采取“跪坐”的方式，并没有像现代人一样直接坐在榻椅上。

古代的几虽然与现代的炕桌或小茶几颇为相似，但在作用上是大为不同的。现代桌几主要被用来摆设茶点或装饰物，而古代的几则主要是为坐时凭倚之用，并不需要摆放器物装饰。但大多数情况下，文雅士人坐榻时鲜少会“倚几”，因为他们认为这是一种不礼貌的行为。

在古代家居建筑中，几榻通常成对出现，以供室主人坐卧倚靠之用，因此，其使用的舒适度通常会被列为设计的第一要素。当然，在逐渐发展演化过程中，古人在舒适度之外，也更多开始追求几榻的美感。

床与屏

床以宋元断纹小漆床为第一，次则内府所制独眠床，又次则小木出高手匠作者，亦自可用。永嘉、粤东有折叠者，舟中携置亦便。若竹床及飘檐、拔步、彩漆、卍字、回纹等式，俱俗。近有以柏木琢细如竹者，甚精，宜闺合及小斋中。

屏风之制最古，以大理石镶下座精细者为贵，次则祁阳石，又次则花蕊石；不得旧者，亦须仿旧式为之。若纸糊及围屏、木屏，俱不入品。

《长物志》中对床的用料品级进行了细致划分，同时指出了各种略微俗套的床饰设计。相对而言，在满足实用性的同时，古人对这类家具审美旨趣的要求是较高的。

床可以说是我国最早出现的一种家具用品，商代的甲骨文中就已经出现了对床的描述，一些神话志记中也出现了“神农氏制床”的传说。

但在汉代之前，古人并没有明确提到过“床”这一概念，当时的“床”多被称为“榻”。到了汉代，“床”的概念开始普及，大多数坐具、卧具都被称为床，如梳洗床、火炉床、册床等家具都被安上了“床”的概念。

从严格意义上来讲，这一时期的“床”与现在我们所使用的床依然有明显的区别，直到明朝时，这种区别才逐渐消弭，床正式成为一种睡觉的地方。

清代文学家李渔在《闲情偶寄》中写道：“人生百年，所历之时，昼居其半，夜居其半。日间所处之地，或堂或庑，或舟或车，总无一定所在，而夜间所处，则止有一床。是床也，乃我半生相共之物，较之结发糟糠，犹分先后者也。”

将床与结发妻子相提并论，可见李渔对床的评价之高，这也在很大程度上反映了当时古人对床的依赖之情。

从类别上来分，床可以分为榻、罗汉床、架子床和拔步床，如果再根据各类床的纹饰和结构不同来分，还可以将床分为更多种类。

只有床身而没有其他围挡的卧具多为榻；在榻的三面加上围挡则成为罗汉床；架子床在形制上与前二者颇为不同，其是在床上安装立柱，床顶安盖，而后在柱间安装围挡制成的床；拔步床在性质上要比架子床更为复杂，其更像是一个小屋，在床前设置有浅廊，廊子两侧则可以放置一些床头柜之类的小型家具。

古人对床的重视还体现在对婚床的设计上，尤其是一些大户

罗汉床

明末清初　黄花梨　长217厘米，宽112厘米，高61厘米。

鸡翅木架子床

清中期　苏作　长248厘米，宽117厘米，高61厘米。

拔步床

清中期　榉木　长 223 厘米，宽 223 厘米，高 237 厘米。

黄花梨架子床

清代黄花梨　长 190 厘米，宽 126 厘米，高 204.5 厘米。

人家，在设计婚床时从不吝惜人力、物力和财力的付出。

从形制上来看，婚床多以架子床和拔步床为主，颇为讲究的人家会设计“千工床”，意思是用一千多个工时去制作一个婚床，可见古人对婚床设计的重视程度有多高。在一间房子里，装饰华丽的“千工床”甚至可以占据半间房子的空间，卷顶、踏步、雕花柱，廊庑、灯橱、马桶箱，样样都不少。在众多婚床装饰中，彩绘屏风是一种颇为常见的家居装饰物。

古人使用屏风，最早起于西周时期，但当时并没有“屏风”这一概念，而将其称为“斧扆”，当时只有诸侯帝王可以使用这种斧扆。到了汉代，屏风开始被广泛使用起来，并与床榻相映成趣，构成了家居装饰的一处独特风光。

在纸张出现之前，屏风多以木板绘漆，纸张出现后，纸糊屏风开始流行。隋唐时期，书画屏风较为流行，《新唐书·李绛传》有载：“李绛元和二年为学士，宪宗命与崔群、钱徽、韦弘景、白居易等，搜次君臣成败五十种，为连屏。”

到了明清时期，屏风更追求实用性，品种样式也多了许多。一些专为婚床设计的屏风除了有精美的彩绘雕刻外，还会镶嵌上各色玉石、象牙、金属或瓷制品，颇为绚丽多姿，与婚床的喜庆艳丽之色形成巧妙搭配。

乍看上去，屏风的实用价值并不如其他家具强，但古人对屏风的喜爱之情却并未因此减弱。在一室之中，如果想要设计一款很好的综合实用及有美观价值的家具，屏风无疑是最好的选择。

明粤绣博古图屏

《明粤绣博古图》是明代的粤绣杂画，屏风一套十二扇，用各色丝线将博古图绣于屏风上。台北『故宫博物院』收藏。

象牙座屏

元代　宽11.6厘米，高25.7厘米。

红木镶紫檀座屏

清代　宽133厘米，高243厘米。

短榻和禅椅

高尺许，长四尺，置之佛堂书斋，可以习静坐禅，谈玄挥麈，更便斜倚，俗名“弥勒榻”。

禅椅以天台藤为之，或得古树根，如虬龙诘曲臃肿，槎牙四出，可挂瓢笠及数珠、瓶钵等器，更须莹滑如玉，不露斧斤者为佳，近见有以五色芝黏其上者，颇为添足。

《长物志》中对短榻和长椅的尺寸和制作工艺进行了详细描述，在众多形制的禅椅中，使用天台山的藤条或天然老树根做成的禅椅，能够不露斧凿痕迹，保留木料原生特质的，才算得上是上品。而那些添加了过多人工雕饰的禅椅，反而失去了自然的灵气。

短榻是榻的一种，这种榻的尺寸一般较小，也比较低矮，在榻身上会设置三面栏杆。高濂在《遵生八笺》中有“矮榻，高九寸，方圆四尺六寸，三面靠背，后背稍高如傍”的描述。

在诸多类型的榻中，短榻的应用是最广的，无论是对弈谈话，还是参禅悟道，古人都倾向于选择这种短榻。从汉朝末年开始，几乎每一位文人雅士都会为自己定制一榻，在选材用料上，这些文人雅士颇青睐竹、石和木等，而较少对短榻进行其他装饰，这也可以显示出文人雅士的清高淡雅之品格。

但在一些名门望族中，短榻的设计制作就没这么简单了。《红楼梦》第五十三回写道：“东边单设一席，乃是雕夔龙护屏矮足短榻，靠背、引枕、皮褥俱全。”单从这些简短的描述中便可以看出，这种短榻无论是设计，还是用料都是极为讲究的。文人雅士是用不来这种短榻的，只有那些有钱的大户人家才会有如此奢侈的追求。

相比于短榻，古人对禅椅的设计要更为讲究一些。作为椅中

金丝楠明式禅椅

现代　长66厘米，宽51.5厘米，高77厘米。云树阁藏品。

的一个“异类”，禅椅所追求的是一种气势，或者说是空灵的感觉，所以在设计时会有一些独特之处。比如，禅椅的后背和扶手都是中空框架，坐在椅子上基本靠不到靠背，只有盘腿坐时，才能靠到靠背。

除了这种设计外，禅椅的搭脑（椅背最上的横梁）也会被设计成各种特异形态，一般来说，搭脑部分都会保留阔厚的特征，这样便可以保障禅椅的舒适性。

禅椅最初是作为寺庙或佛堂中，禅师们打坐参禅的特定坐具而设计的。随着禅宗文化逐渐深入古人的生活之中，坐禅成为古代文人修身养性的重要手段，禅椅也由此进入了古代人的家居生活之中。

经过一代又一代匠人的改良，禅椅的形制也变得越来越简单，但其古朴典雅的气质却一直被传承下来。即使到了今天，我们依然可以在一些中式风格的家居建筑中，寻觅到禅椅的踪迹。

书桌、壁桌、方桌

书桌中心取阔大，四周镶边，阔仅半寸许，足稍矮而细，则其制自古。凡狭长混角诸俗式，俱不可用，漆者尤俗。

壁桌长短不拘，但不可过阔，飞云、起角、螳螂足诸式，俱可供佛，或用大理石及祁阳石镶者，出旧制，亦可。

方桌旧漆者最佳宜，须取极方大古朴，列坐可十数人者，以供展玩书画，若近制八仙等式，仅可供宴集，非雅器也。

《长物志》中对书桌、壁桌和方桌的设计制作方法进行了简

八仙桌及套椅

选自《出口家具设计图》。

账房用的桌子

选自《出口家具设计图》。

单描述，其中书桌以宽面为佳，上漆涂面则为俗品；而壁桌却不宜太宽，对长短并无定制；方桌则与书桌正好相反，以涂旧漆极方正的为最佳。

作为家居建筑中重要的室内家具，桌在古人的生活中扮演着重要角色。根据不同的用途，古人在厅堂居室之中布置了各种不同类型的桌，书桌多被安置在书房之中，是整个书房的灵魂所在；壁桌多靠墙壁摆设，用来放置琴或香火贡物；方桌多为宾客宴集时使用，具有更多烟火气，而少有高雅气质。

那些颇为讲究，又家财殷厚的文人，在布置书房时，除了设计书桌，还设计画桌。二者虽然在结构造型上相差不多，但画桌为了方便站着绘画，通常不设置抽屉；书桌因为没有这方面的需求，所以一般会设置抽屉，用来盛放物品。

依古制设计的书桌，在形制上都是颇为相似的，唯一能够凸显书桌品级的地方，主要在选材用料和桌案纹饰上。皇室贵胄的书桌，除了要用金丝楠木制作外，龙形纹饰和各种花鸟图案也是必不可少的。

总的来说，书桌的设计一般要与书房的整体布局相映成趣，同时更要与室主人的精神追求相一致。在这些方面，壁桌和方桌显然没有这样的要求。

壁桌的作用更多是表现在装饰方面，其比普通桌子要短小一些，高度也会稍矮一些。唯一需要着重设计的是桌面部分，以石为桌面是较为常见的做法，比如大理石、祁阳石或玛瑙石都可以。

方桌可以说是历史最为悠久的一种桌子，其发展演变过程也颇为复杂，现在我们所用的圆桌正是由方桌演变而来的。

联三屉抽屉桌

清早期 长 184 厘米，宽 46 厘米，高 80 厘米。

红木供桌

清代 长 228 厘米，宽 46 厘米，高 106.5 厘米。

红木嵌影木面圆桌

清代　高87厘米，直径83厘米。

灵芝纹八仙桌

清代　长88厘米，宽88厘米，高82厘米。

雍正八年的《养心殿造办处活计档·漆作》中有载："十月三十日内务府总管海望奉旨：尔照年希尧进来的番花独挺座方面桌，或黑漆或红漆的做一张。桌面不必做方的，做圆的，座子中腰安转轴，要推地转。"这里所提到的圆桌，就是我们今天所用的旋转圆桌了。

但在大多数时间里，古人在宴集时所使用的桌子还多是方桌，这之中尤以"八仙桌"最为出名。

方桌有大小之分，大的被称为"大八仙桌"，可以坐八个人，小的则被称为"小八仙桌"或"四仙桌"，人数不同称谓也会有所不同。不论是"大八仙桌"，还是"小八仙桌"，虽在尺寸上有差异，但在构造上并没什么不同。在有无束腰的基础上，方桌桌腿、枨子和枨子上的装饰也会各有不同。

椅、杌、凳

椅之制最多，曾见元螺钿椅，大可容二人，其制最古；乌木镶大理石者，最称贵重，然亦须照古式为之。总之，宜矮不宜高，宜阔不宜狭，其折叠单靠、吴江竹椅、专诸禅椅诸俗式，断不可用。踏足处，须以竹镶之，庶历久不坏。

杌有二式，方者四面平等，长者亦可容二人并坐，圆杌须大，四足彭出，古亦有螺钿朱黑漆者，竹杌及绦环诸俗式，不可用。

凳亦用狭边镶者为雅，以川柏为心，以乌木镶之，最古。不则竟用杂木，黑漆者亦可用。

《长物志》中提到椅子的形制有很多，但总体上“宜矮不宜高，

黄花梨交凳（一对）

清代　长57.5厘米，宽41.5厘米，高53厘米。

选自《出口家具设计图》。

黄花梨禅凳

清代　长60.5厘米，宽60.5厘米，高49厘米。

束腰扶手椅

清代　鸡翅木　长70厘米，宽56厘米，高103厘米。

束腰扶手椅

清代　鸡翅木　长70厘米，宽56厘米，高103厘米。

交椅

民国　黄花梨　长68.5厘米，高102厘米。

扶手椅

清中期　红木（京作家具）　长61厘米，宽47厘米，高97厘米。

官帽椅与花几

清中期　榆木　长165厘米，宽50厘米，高98厘米。

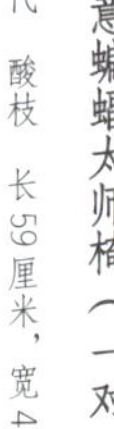

如意蝙蝠太师椅（一对）

清代　酸枝　长59厘米，宽45厘米，高96厘米。

靠背扶手椅（四只）

清代　紫檀　长51厘米，宽41.5厘米，高79.5厘米。

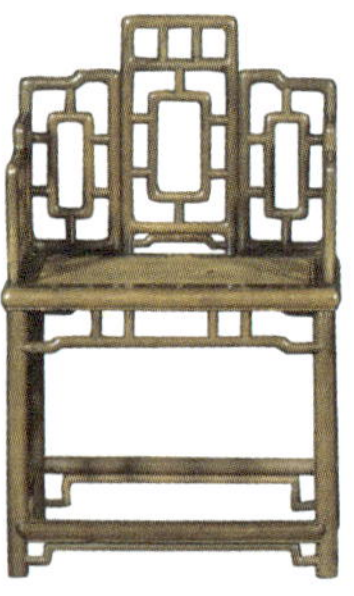

宜阔不宜狭”，而杌则只有方圆两种形制，可以算是一种较早出现的凳子。

对于现代人来说，椅、杌、凳之间的区别似乎并不大，只是个别地区对同一类家具的不同叫法而已。但对古人来说，无论从出现时间上来看，还是从具体形制上来看，椅、杌、凳都是三种不相同的家具。

椅子是魏晋南北朝时期，从西域传入中原地区的，也有人认为其是由“胡床”演变而来。在较长一段时间里，椅子并没有引起古人的关注，人们依然喜欢“席地而坐”，或是“坐榻论道”。

到了宋代，垂足坐开始取代跪坐，成为古人的主要坐姿，这也在很大程度上推动了椅子走入千家万户。

在许多宋代的绘画作品中，可以看到一些能够折叠的椅子，从外形上来看，这些椅子与现代的马扎颇为类似，因为这种椅子的椅腿交叉，所以常被人称为“交椅”。除了用于居家使用外，这种交椅还会被外出携带。

除了交椅外，古人还制作出了靠背椅、扶手椅等各种形制的椅子，但只有交椅是身份、地位的象征。每个人都能用椅子，但却不是每个人都可以坐交椅的，“头把交椅”更是只能给权力和地位高的人来坐。

如果不去严格区分，杌子和凳子的区别并不大。《集韵》中有载，“杌，刊余木”，即杌是指砍树剩下的桩子，这可以说是杌子最早的雏形。

与椅子一样，杌子在出现后也没有迅速普及，而只是被上层人士接纳使用。陆游在《老学庵笔记》中记载：“彼时士大夫家妇女坐椅子、杌子，则人皆讥笑其无法度。”这一方面说明了封建时代对妇女的限制，另一方面也说明杌子和椅子是身份等级的象征。

凳子虽然在形制上与杌子颇为相似，但在最初的用途上大为不同。古人最早所使用的凳子并不是一种坐具，而是一种蹬具，比如马凳或轿凳，古人需要踩着这种凳子上马或上轿。

刘熙在《释名·释床帐》中写道：“榻凳施于大床之前，小榻之上，所以登床也。”可以看出，古人还会将凳子放在床前，作为脚踏，方便上床之用。

在汉朝末年时，方凳传入中原，因为可以搭配桌、几使用，所以流传颇为广泛。到了明清时期，凳子的形制变得更为多样，在方形、圆形这些基础形状之外，又出现了梅花形、六角形，甚至是八角形的凳子。借助榫卯及雕刻技艺，这些古凳不仅结实耐用，而且美观别致，深得文人雅士的喜爱。

橱、架、箱

藏书橱须可容万卷，愈阔愈古，惟深仅可容一册，即阔至丈余，门必用二扇，不可用四及六。小橱以有座者为雅，四足者差俗，即用足，亦必高尺余，下用橱殿，仅宜二尺，不则两橱叠置矣。橱殿以空如一架者为雅……

书架有大小二式，大者高七尺余，阔倍之，上设十二格，每格仅可容书十册，以便检取；下格不可置书，以近地卑湿故也。足亦当稍高，小者可置几上。二格平头，方木、竹架及朱黑漆者，俱不堪用。

倭箱黑漆嵌金银片，大者盈尺，其铰钉锁钥，俱奇巧绝伦，以置古玉重器或晋、唐小卷最宜。又有一种差大，式亦古雅，作方胜、缨络等花者，其轻如纸，亦可置卷轴、香药、杂玩，斋中宜多畜以备用。又有一种古断纹者，上圆下方，乃古人经箱，以置佛坐间，亦不俗。

《长物志》对橱、架、箱的样式进行了详细描述，指出橱的一大特性是要能容万卷；而架在设计时则要考虑离地较近，下格不可置书的问题；箱的种类多样，用不同类型的箱子盛放不同物品，是为最佳。

橱、架、箱作为家居建筑中的储物家具，它们所发挥的储物功能多有不同。橱和架虽然都可用来藏书，但橱的用途显然更为广泛；箱和橱虽然储物方式颇为相似，但二者在形制上又颇为不同。因此，古人想要达到最好的储物效果，这三样家具是缺一不可的。

橱可以说是案与柜的结合体，它既有案和桌的形体特征，又有柜的功能特性，可以说是具有多重功能的实用家具。

古人所用的橱有多种形制样式，较为常见的有闷户橱、连二橱、连三橱等。闷户橱在抽屉下方虽然没有可以开启的门扇，却拥有一个较为隐蔽的闷仓。从外部看，这个闷仓是全封闭的，但将抽屉拿出去后，闷仓的开口便露了出来，这时便可以将一些私密物品放置到闷仓之中。古代女子多将自己的金银细软放入闷仓之中隐藏起来。

连二橱和连三橱在形制上与闷户橱颇为不同，这主要体现在连二橱和连三橱的“闷仓”被橱殿取代，橱殿有门扇可自由开合，在空间上要比闷仓大很多，但在隐蔽性上不如闷仓好。

架在储物功能上，并没有橱那么广泛，出现时间更早一些。早在战国时期，古人就使用上了“架几案”，这种“架几案”通

连二闷户橱

明代　黄花梨　长102.8厘米，宽59.5厘米，高81.5厘米。

连三闷户橱

清早期　黄花梨　长163厘米，宽52.7厘米，高89.5厘米。

书柜

清代　榉木　长80.7厘米，宽42.5厘米，高194厘米。

亮格柜

明晚期　黑漆嵌螺钿　长83厘米，宽51厘米，高160厘米。

亮格柜

清代　榉木　长113.5厘米，宽47.2厘米，高142.1厘米。

多宝格

红木雕花　长82厘米，宽41厘米，高110厘米。

过在两几之间架一块案板制成，虽然颇为简陋，却满足了当时古人最基本的置物需求。

架根据具体功用可以分为书架、多宝格和博古架，在满足室主人各种物品陈设需要的同时，也增添了房屋的意境与旨趣。博古架在设计时颇为讲究，室主人会根据自身需要、摆放物品的大小来设计小格，最终呈现出的效果就是各种高低错落、大小不等的小格紧密相连，构成整体的架，室主人会在小格中放置各种金、银、瓷、玉等物，来增添架的美感。

与架一样，箱出现得也比较早，但早期古人所使用的箱与现代的储物箱还有较大不同。早期古人所使用的箱子主要是以竹篾编成的竹筐，到了汉朝末年才开始有“箱子”一类的说法。

根据储物功用的不同，古人的箱子也可以分为几种不同类型，如衣箱主要是用来储存衣物、袍靴的，而药箱则主要用来储存药材和医药用具，书箱多用来放书，轿箱则还有倚靠之用。在古代女子的闺房中，经常可见精美的小匣，其主要盛放各类金银珠宝、玉石首饰等物，这类小匣通常被称为“百宝箱”。

除了这三样储物家具外，柜也是我国古人常用的储物家具。根据不同的储物功用，古人所用的柜子也可分为衣柜、药柜、钱柜等多种类型。大多数时候，古人会将橱与柜结合在一起，在明清时期的家居建筑中，就经常看到这种橱柜类家具。

第三节　水石之奇

一处家居建筑，能与周围环境相映成趣，便是最好的设计。如果缺少自然景观的装饰，水石布置就变得尤为重要。小池、凿井、假山、瀑布，这些别致的水石之景，是古人为家居建筑增添美感的重要元素。

小池设计

阶前石畔凿一小池，必须湖石四围，泉清可见底。中畜朱鱼、翠藻，游泳可玩。四周树野藤、细竹，能掘地稍深，引泉脉者更佳。忌方圆八角诸式。

《长物志》认为在设计水池时，应因势制宜，随地势布局，以花木点缀，这样建成的小池才更有生机，能更好地与自然交相辉映。

古人在设计家居建筑时，多会在庭院之中配置水石之景，这一点尤以江南人家为盛。江南地区的很多私家园林占地虽不大，但多会辟出一块空地来修建小池、假山等装饰景观。

在设计中，我国古人并不苛求小池的外在形态，比如将小池做成规则的正方形、圆形或是八角等多种形状，这是西方人对小

明代　仇英绘《园林清课图》轴

长106.5厘米，高82.8厘米。图中描绘的是乡野人家的生活场景，院内右侧角落，亭榭围绕池畔而构筑。院中还布置着厅堂、房舍、书斋、作坊，画面中有仕女、庭院、家禽、兰花、梧桐、芭蕉等，还有读书、涤砚、纺纱、游园等活动，充满了生活情趣。

颐和园之万寿山水景

选自《燕京胜迹》（1927 年出版）。中国国家图书馆收藏。

颐和园玉带桥

选自《燕京胜迹》（1927 年出版）。中国国家图书馆收藏。

故宫午门与玉带桥

选自《燕京胜迹》（1927 年出版）。中国国家图书馆收藏。

池的设计需求，我国古人更倾向于因势制宜，将小池做成各式不同形状。

古人庭院中的小池一般都比较小，但在设计上却有很多独特之处。在选择小池的位置时，古人多会寻找有泉眼或可通地下水脉之处。位置选好后，人们还会在小池的四周镶嵌上太湖石，打造出一种驳岸的效果。

小池的整体架构完工后，还需要为池水增添几许生趣，几尾漂亮的金鱼、一些翠绿的浮藻、几株池边的绿植，都可以为小池添色不少。

藤蔓和竹子是小池旁边经常可见的绿植，古人会精心挑选那些枝叶细小的品种，种植在小池旁边。湘妃竹就是一种较为不错的竹子品种，在选用藤蔓时，古人则会搭配建造一堵墙，让藤蔓都蔓爬到墙上。

对于整个家居建筑来说，小池更多的是一种观赏性的装饰物，屋主人在书斋之中，向外远眺，最先映入眼帘的正是这一汪池水，及其所蕴含的无限生机。

瀑布设计

山居引泉，从高而下，为瀑布稍易，园林中欲作此，须截竹长短不一，尽承檐溜，暗接藏石罅中，以斧劈石叠高，下凿小池承水，置石林立其下，雨中能令飞泉渍薄，潺湲有声，亦一奇也。尤宜竹间松下，青葱掩映，更自可观。亦有蓄水于山顶，客至去闸，水从空直注者，终不如雨中承溜为雅，盖总属人为，此尚近自然耳。

《长物志》中详细介绍了假山瀑布的造景技法，其认为用人工在山顶蓄水的方法虽然也可以达到水从空中直流而下的效果，但终究没有承接檐沟流水来得雅致。可见，古人在设计假山瀑布时，也颇讲求自然之美。

古人在庭院中设计假山瀑布，并非出于实用性考量，而主要是为了装饰美观。在庭院中倾听水声可以说是古代文人的一大爱好，为此他们不惜专门辟出一片空间来营造假山和小池。

不同于广池和小池中的水，瀑布的水是要流动起来的。对于居住在山林之中的古人来说，将山泉水从高处引下来，形成瀑布并不是什么难事。但如果想要在自己的园林庭院中造出瀑布来，就要颇费些功夫了。

为了造出流动的瀑布，古人首先会在庭院中造一座假山，而后再将屋顶与假山顶处连接起来，并在假山顶处设计一些凹槽，用来存贮屋顶流注的雨水。这些假山顶处存贮的雨水会顺着假山石隙直泻而下，形成一种类似瀑布的景观。

除了这种承接屋檐水打造瀑布景观外，还有一些其他的造瀑之法。苏州狮子林中的“听瀑亭”位于假山的最高处，其利用水柜蓄水，通过水闸开放来制造三叠瀑布，其水流直泻之景颇为壮观。

凿井设计

井水味浊，不可供烹煮；然浇花洗竹，涤砚拭几，俱不可缺。凿井须于竹树之下，深见泉脉，上置辘轳引汲，不则盖一小亭覆之。石栏古号“银床”，取旧制最大而古朴者置其上。井有神，井旁可置顽石，凿一小龛，遇岁时，奠以清泉一杯，亦自有致。

《长物志》认为井水并不是烹茶首选，但用其浇花洗砚却是不错的。在凿井时，最好选在竹树之下，深挖至泉脉，井上除了设计轱辘取水，还可以盖一座亭子遮盖。若要祭拜井神，则还需在井边凿出神龛，用以祭祀。

古时候，差不多每家每户的庭院中都会凿一口井。对于普通老百姓来说，烹茶煮饭多以井水为主，虽然浊味很大，但他们也没什么其他选择。那些稍有些家财的文人雅士却鲜少用井水烹茶煮饭，他们可受不了那种土味十足的茶水。

从设计工艺上来讲，凿井与修建小池、瀑布的最大不同在于，其需要利用专业工具向地下挖掘，直到挖到泉脉才可停止。在这个过程中，不同朝代的古人所使用的凿井工具是有所不同的。

在先秦时期，人们便开始凿井，但此时的典籍著作中少有凿井工具的记载。从《天工开物》对各类小型凿器的记述可以推断，古人用来凿井的钎、锥、锉等工具多是从小锥和圆凿等小型工具演化而来的。

到了汉武帝时期，人们开始用特定的机械设备来凿井，从出土的汉代画像砖可以看到，人们在井杆上配置了轱辘式的滑车，使用了冲击式凿井技术。

有公鸡的井口

汉代　陶器　河南省辉县墓葬出土　长38厘米，高45.5厘米，井口直径25.2厘米。

有龙头的井口

东汉　绿色铅釉陶器　龙头部分高27.8厘米，井高21.6厘米，井口直径17.5厘米。

而到了宋代，这种凿井技术变得愈发成熟，相应的机械设备也更为复杂精巧，凿井的深度和开凿效率也随之大为提高。

这种冲击式凿井技术多用于盐井的开凿，一般人家庭院中凿井并不需要做到如此庞大的工程规模。但相比于其他庭院景观的设计来说，凿井这项工程无论从技术含量，还是从工作难度上，都是要高于其他庭院景观工程的。

对于那些颇信风水的人来说，在自家庭院中凿井不仅要选择一个良辰吉日，同时也要慎重选择凿井的位置。一般来说，大多数古人会把井凿在面门而站的左手边，甚少有人家会将井开在右边。

而那些信奉井神的人家，还会特意在井边建造神龛，并在每年的除夕夜举行“封井仪式”，将自家的锅碗瓢盆都装满水，来感谢井神一年来的恩德，并祈求来年的井水更为甘甜纯净。

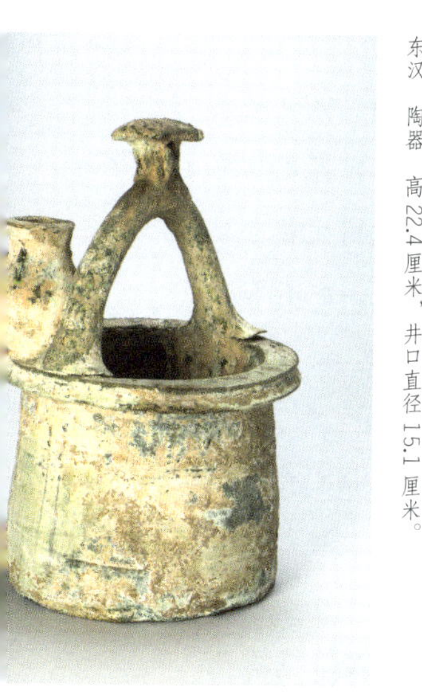

水桶井口

东汉　陶器　高 22.4 厘米，井口直径 15.1 厘米。

北魏女人和井

陶器（后世修复）　高 18.2 厘米，直径 14 厘米。

英石与灵壁石

石以灵壁为上，英石次之，然二种品甚贵，购之颇艰，大者尤不易得，高逾数尺者，便属奇品。小者可置几案间，色如漆，声如玉者最佳。横石以蜡地而峰峦峭拔者为上，俗言“灵壁无峰”“英石无坡”。以余所见，亦不尽然。他石纹片粗大，绝无曲折、屼嵂、森耸崚嶒。近更有以大块辰砂、石青、石绿为研山、盆石，最俗。

出凤阳府宿州灵壁县，在深山沙土中，掘之乃见，有细白纹如玉。不起岩岫，佳者如卧牛、蟠螭、种种异状，真奇品也。

出英州倒生岩下，以锯取之，故底平起峰，高有至三尺及寸余者，小斋之前，叠一小山，最为清贵。然道远不易致。

《长物志》认为家居建筑中的石制品以灵璧石最优，而英石次之，但这两种石材价格昂贵，想要找到一块完整的大石，颇为不易。在一般的家居建筑中，以置于几案间的小石较多。

灵璧石因产自安徽省灵璧县而得名，《郁离子·枸橼篇》中提到的“泗水之滨多美石”说的就是灵璧石。在唐代时，就出现了很多痴迷于赏玩灵璧石的文人雅士，白居易在收集灵璧石置于庭室的同时，还提出了著名的“爱石十德”，全面论述了赏石玩石的文化乐趣。

到了宋代，灵璧石的拥趸依然不少，苏轼就是其中的佼佼者。在担任徐州太守期间，苏轼曾多次前往灵璧县寻觅奇石。一次，在偶得奇石之后，他兴致盎然，喝得酩酊大醉，竟在一块巨石之上睡熟。待半夜醒来时，他发现满天星斗，又诗兴大发，写下了“醉中走上黄茅岗，满岗乱石如群羊，岗头醉倒石作床”的千古名句。

到了明清时期，收藏灵璧石的风气更盛，上至帝王将相，下至寻常百姓，都对藏石玩石颇为痴迷。乾隆皇帝下江南时不仅淘到了不少珍稀的灵璧石，还专门为灵璧石题写了“天下第一名石”的封号。

在家居建筑装饰中，灵璧石是重要的装饰摆件，在众多奇石类型中，也属于上等石材。与灵璧石一样，英石作为我国四大名石之一，也是家居建筑中的一种重要装饰摆件。

虽然与灵璧石一样都属于沉积岩中的石灰岩，但英石在硬度

灵璧赏石

各朝各代都出现了很多痴迷于赏玩灵璧石的文人雅士，前有唐代白居易提出著名的『爱石十德』，后有宋代苏轼为其写下『醉中走上黄茅岗，满岗乱石如群羊。岗头醉倒石作床，仰看白云天茫茫』的千古名句，另外清乾隆帝专门为灵璧石题写了『天下第一名石』的封号。

上并不及灵璧石。广东英德山间的英石经过溶蚀作用，多会形成嶙峋之状，经过山谷溪流冲蚀的英石碎块，很容易形成独特奇异的形状。

陆游在《老学庵笔记》中曾写道：“英州石山，自城中入钟山，涉锦溪，至灵泉，乃出石处，有数家专以取石为生。其佳者质温润苍翠，叩之声如金玉，然匠者颇秘之。常时官司所得，色枯槁，声如击朽木，皆下材也。”可见，那些形貌奇特，且敲击能够产生共鸣的英石才是上佳之选。

古人在用英石做装饰时，多以其置于几案之上，形成一种独特景致，少有直接以大块英石雕刻堆砌成景的。那种使用较大英石布景的，多为皇室贵胄人家，他们往往不会担心路途遥远的运费问题，也不愁缺少技艺高超的工匠。

太湖石与昆山石

石在水中者为贵，岁久为波涛冲击，皆成空石，面面玲珑。在山上者名“旱石”，枯而不润，赝作弹窝，若历年岁久，斧痕已尽，亦为雅观。吴中所尚假山，皆用此石。又有小石久沉湖中，渔人网得之，与灵壁、英石亦颇相类，第声不清响。

出昆山马鞍山下，生于山中，掘之乃得，以色白者为贵。有鸡骨片、胡桃块二种，然亦俗尚，非雅物也。间有高七八尺者，置之高大石盆中，亦可。此山皆火石，火气暖，故栽菖蒲等物于上，最茂。惟不可置几案及盆盎中。

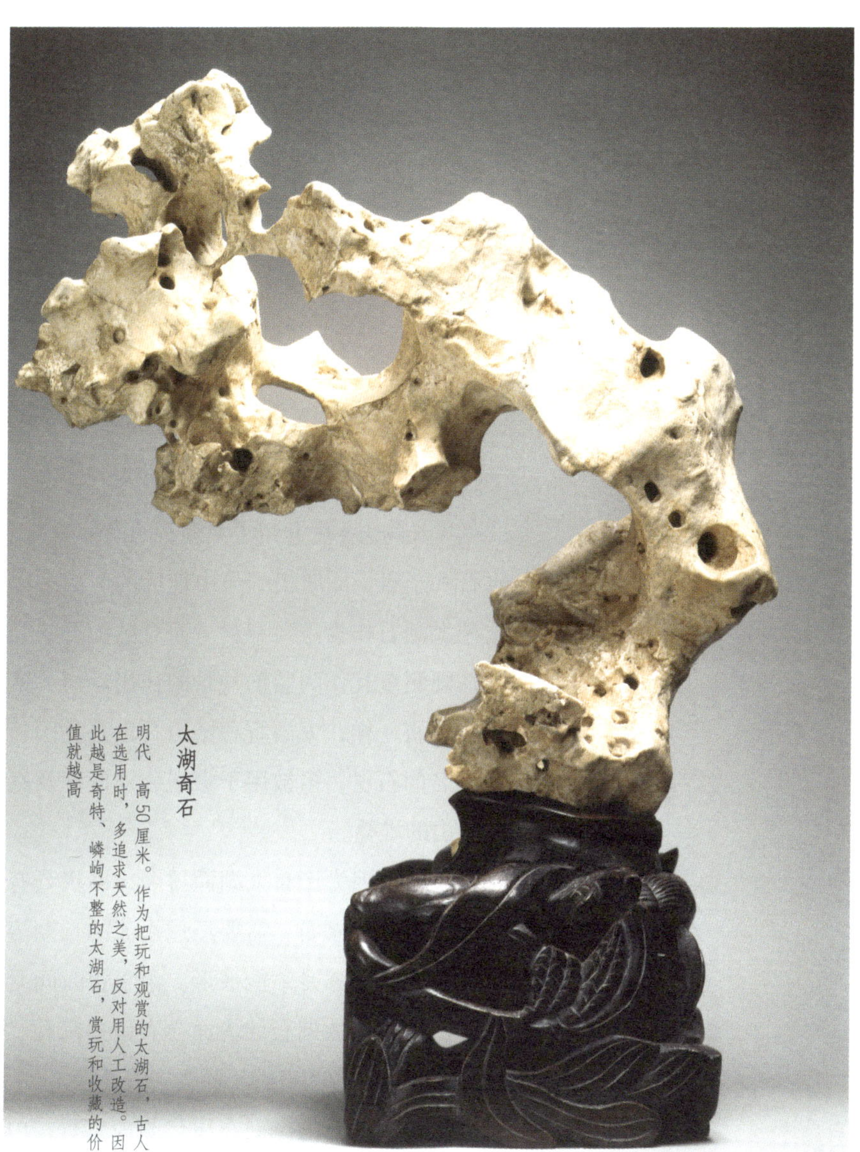

太湖奇石

明代　高50厘米。作为把玩和观赏的太湖石，古人在选用时，多追求天然之美，反对用人工改造。因此越是奇特、嶙峋不整的太湖石，赏玩和收藏的价值就越高

《临袁江瞻园图卷》

清代佚名。长295厘米，宽52.1厘米。瞻园是南京现存历史最悠久的明代园林，是江南四大名园之一。素以假山著称，其假山的面积约占全园面积的一半。瞻园叠山造景精美，起伏的山峦构成园林的主景。清《儒林外史》提到瞻园『高高低低都是太湖石堆的玲珑山子』。

《长物志》中介绍了太湖石的两种类型：水石和旱石，同时提到吴中地区的假山多以这种太湖石作为主要石料。而对昆山石的介绍，则侧重其作为装饰盆景的作用。与灵璧石和英石一样，太湖石和昆山石也是我国较为有名的石材，多被用于家居装饰摆件及庭院假山的堆叠。

太湖石因为产自太湖而得名，一块具有赏玩价值的太湖石，需要经过水流的长期溶蚀作用，经年累月才能成形。由于长时间受到水流冲击，太湖石的表面会有诸多窝孔、穿孔，外形也颇为奇特，深受古人喜爱。

赏玩太湖石的风尚在唐代颇为盛行，白居易所写的《太湖石记》就详细介绍过太湖

石的收藏和鉴赏方法。成书于宋代的《云林石谱》也对太湖石有专门的记载。

北宋时期，苏州地区的园林在建造时，都会使用太湖石作为主要石材。宋徽宗在修建艮岳之时，朱勔为了献媚讨好，曾大肆搜刮民间的奇花异石。由于要采办“花石纲”，西山地区的太湖石佳品被采掘一空，大、小谢姑山更几乎被推平。

在采掘过程中，朱勔获得了两块巨型太湖石峰，其中一块被运到汴京，放置在艮岳之中，另一块则不幸随船沉入太湖，虽捞得石峰，却并未捞得底座。宋徽宗修筑艮岳不仅搜刮了诸多太湖奇石，更是劳民伤财、大损国运。值得一提的是，《水浒传》中杨志所押运的也正是这“花石纲”。

古人在选用太湖石来堆叠假山或进行室内装饰时，多追求太湖石的天然之美，反对用人工方法进行加工改造。因此那些造型越是奇特、越是嶙峋不整的太湖石，赏玩和收藏的价值就越高。

相比于其他名石，昆山石的使用范围更为局限，古人多用来装饰盆景，做成独特的艺术摆件。有些人还喜欢在这种石料上种植菖蒲或小松，如果这样操作的话，这些昆山石就没办法再放在盆中作为盆景，而只能单独摆放了。

昆山石与太湖石一样，都产自江苏地区，其色泽如白雪、似黄玉，玲珑剔透，通体孔窍，形状也是不尽相同。在品种上，昆山石可以细分为鸡骨峰、胡桃峰、杨梅峰、荔枝峰等，虽然品种较多，但每个品种的奇石数量却是较为有限的。

古人在开采昆山石时，需要先取下石山上的白云岩毛坯，然后放置在太阳下曝晒多日，待到其上覆盖的红泥发硬脱落后，再用碱水反复冲刷，同时还要一点一点将昆山石孔隙中的泥石剔除掉。若要让昆山石焕发白亮光彩，最后还需要用一定浓度的草酸将石上的黄渍洗掉，这样在晾干后，昆山石就会呈现出洁白如雪、晶莹剔透的光泽了。

相比于实用价值，这些奇石更多作为装饰物出现在家居建筑之中，皇室贵胄和文人雅士是这些奇石的主要收藏人群，平民百姓在装饰家居时较少会有放置几块奇石的考量。

大理石的应用

> 大理石出滇中，白若玉、黑若墨为贵。白微带青、黑微带灰者皆下品。但得旧石，天成山水云烟，如“米家山”，此为无上佳品。古人以镶屏风，近始作几榻，终为非古。近京口一种，与大理相似，但花色不清，石药填之为山云泉石，亦可得高价。然真伪亦易辨，真者更以旧为贵。

《长物志》对大理石的描述颇为详细，不仅点明了大理石中的佳品和下品，同时还对大理石的应用场景进行了简要介绍。可以看出，相比于其他家居建筑装饰所用到的石材，大理石的实用

颐和园铜鹿的大理石石座

天安门前的汉白玉石碑、石栏杆

大理石多用于家居建筑之中，如故宫之中的高台、栏杆和御路都使用了这种汉白玉材料。

性显然是最高的。

大理石主要产自云南大理，因为其剖面可以形成一种朦胧的水墨山水画面，所以古人多用这种纹理的大理石来制作屏风。随着时代的发展，大理石所囊括的范围不断扩大，各种颜色花纹的石头都被归入大理石的名下，这些多出来的并不那么精美的大理石就逐渐成为几榻的重要组成材料，并被广泛应用在家居建筑的各个部位。

虽然现在大理石已经成为一种相对廉价的建筑材料，但在古代，它的价值还是比较高的，只有那些帝王贵胄和高官商贾才能用得起大理石。这一方面是因为大理石的开采颇为不易，另一方面则是因为将大理石从云南运到我国北方地区，运输成本也是非常高昂的。

大理石通常以花纹的颜色或形状来命名，比如，以花纹的颜色命名的大理石有雪花白、艾叶青，以花纹的形状命名的大理石有海浪、秋景等。这之中，全为白色的大理石通常被称为汉白玉，如故宫之中的高台、栏杆和御路都使用了这种汉白玉材料。

不同于灵璧石、英石等用于观赏和把玩的石材，大理石多直接被古人用于家居建筑之中，比如铺设台面、墙面，充当立柱、栏杆，一些人还会用大理石雕成纪念碑或各种雕像。由此可以看出，大理石在古人家居建筑中的实用价值是远高于观赏价值的。

第四节　花鸟之美

相比于水石之景，花、鸟、虫、鱼等生物布景更能为家居建筑增添生命力。古代文人雅士尤爱在庭院中种花、植树、养鸟、饲鱼，配合水石之景，可以营造出更具意境美的家居生活氛围。在此种景致中生活，人的心境也会变得愈发清静。

牡丹、芍药

牡丹称花王，芍药称花相，俱花中贵裔，栽植赏玩，不可毫涉酸气。用文石为栏，参差数级，以次列种。花时设宴，用木为架，张碧油幔于上，以蔽日色，夜则悬灯以照。忌二种并列，忌置木桶及盆盎中。

《长物志》认为牡丹和芍药是花中的贵族，所以在家居装饰的花木选择上，这两种花应该作为首选。为了呈现最好的观赏效果，栽种这两种花木时，也有颇多要注意的地方，比如栽种时的次序和赏花时的遮光问题。

从花形上来看，牡丹和芍药的区别似乎并不太大，但如果仔细观察叶脉部分便可发现，牡丹的叶片更宽薄，而芍药的叶片更狭长。比较二者的枝干后会发现，牡丹为木本，花枝更硬结一些，而芍药为草本，花枝则偏柔软些。

《埤雅》中有载："今群芳中牡丹品第一，芍药第二，故世谓牡丹为花王，芍药为花相，又或以为花王之副也。"可以看出，在古人眼中，牡丹和芍药都是冠绝群芳的花木，如果非要分个品第一二，牡丹则要比芍药更出名一些。

从栽种历史上来看，古人栽种芍药的历史是要早于牡丹的，宋代的《古琴疏》中有载："帝相元年，条谷贡桐、芍药。帝命羿植桐于云和，命武罗伯植芍药于后苑。"可见早在夏商时期，我国古人就已经开

《牡丹》 清代 钱维城。

始种植芍药了。

牡丹的栽种历史稍晚于芍药，在东汉时期虽有用牡丹疗病的记载，但牡丹正式作为观赏花木被栽种，则始于南北朝时期。到了唐朝时，洛阳城中几乎家家户户都栽种牡丹。欧阳修在《洛阳牡丹记》中罗列了 24 个牡丹品种，详细列举了各品种的来历和主要形态特征，同时还描述了时人种花、赏花、贡花的具体方法，较为全面地介绍了洛阳牡丹的各方面内容。

有人为“花王”牡丹记，自然也有人给“花相”芍药作谱，宋代王观在《扬州芍药谱》中，就详细介绍了芍药的不同种类、栽培方法和赏玩方式。

古人在家居建筑中栽种牡丹和芍药，多是为凸显一种富贵之象，但在不同文人雅士的笔下，牡丹与芍药所蕴含的文化情感是颇有不同的。《诗经》中的芍药是男女传情的信物，《扬州慢》中的芍药却成了战火荼毒的写照，由此可见，古人在赏花之时的感触，与花木本身可能并无太多关联，其更多表现的是赏花之人内心的情感。

梅

幽人花伴，梅实专房。取苔护藓封，枝稍古者，移植石岩或庭际；最古，另种数亩。花时，坐卧其中，令神骨俱清。绿萼更胜，红梅差俗。更有虬枝屈曲、置盆盎中者，极奇。蜡梅，磬口为上，荷花次之，九英最下。寒月庭际，亦不可无。

《长物志》认为那些喜欢幽雅环境的人，栽种梅花是最为合适的。而在众多梅花品类中，绿萼梅是最好的，红梅会显得有些俗气，蜡梅中的磬口梅为最上品，九英梅则为最下品。在寒冬腊月时，即使找不到上品的梅花，也要用些下品梅花来装点庭院，省得庭院太过冷清。

我国种植梅花的历史是非常早的，在《诗经》的许多篇目中，都有关于梅花的记载。早在春秋时代，古人就将野梅驯化成家梅，但当时人们更多是为了食用梅树上的梅果。到西汉初年，观赏性梅花的种植才兴盛起来。

《西京杂记》有载：“汉初修上林苑，远方各献名果异树，有朱梅，姻脂梅。”可以看出，这一时期所种植的梅树既能够结出果实，又已然具备了观赏功用。

到了魏晋南北朝时期，受当时社会风气的影响，赏梅、咏梅之风更盛。南朝诗人鲍照在《梅花落》中充分赞美了梅花傲寒而独立的品性，写道：“中庭多杂树，偏为梅咨嗟。问君何独然？念其霜中能作花，露中能作实。”

而南朝梁简文帝萧纲更是不吝惜笔墨，在《梅花赋》中对梅花的高贵美丽大加赞赏，写出了“吐艳四照之林，舒荣五衢之路。既玉缀而珠离，且冰悬而雹布”这样的佳句。

宋代张功甫的《梅品》和范成大的《梅谱》专门介绍了梅花的赏玩之法。在著书之余，张功甫更是身体力行，开辟了一处梅园，种植了超过 300 株不同品类的梅花。为了赏梅，他还专门命人引山涧水环绕梅林，这样他便可以乘船游览梅林，怡然自得，风雅

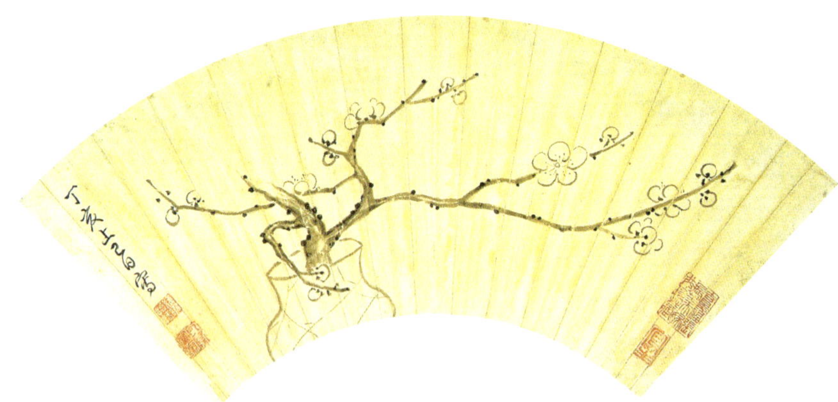

清代 《乾隆御笔梅花图》

无限。

相比于牡丹和芍药，古人喜植梅花，更多出于对其高洁品性的热爱，如果说牡丹是花中帝王的话，那梅花便是花中的君子。相对而言，帝王贵胄之家更多植牡丹和芍药，而那些文人雅士则更喜欢在庭院中栽种梅花。

毛泽东在《卜算子·咏梅》中提到的“俏也不争春，只把春来报。待到山花烂漫时，她在丛中笑”正是对梅花高洁品性的完美阐释。

兰

兰出自闽中者为上，叶如剑芒，花高于叶，《离骚》所谓“秋兰兮青青，绿叶兮紫茎”者是也。次则赣州者亦佳。此俱山斋所不可少，然每处仅可置一盆，多则类虎丘花市……珍珠、风兰俱不入品。箬兰，其叶如箬，似兰无馨，草花奇种。金粟兰名赛兰，香特甚。

《长物志》中对兰花的描述是颇为详细的，其中提到四季培植兰花的一些方法技巧，以及不同产地兰花的各种类型。不同于牡丹和梅花被种于庭院中，兰花更多地被栽植在花盆里，摆放在书房中。

西晋张华所著《博物志》中有载：“舜帝南巡，在兰台亲手栽兰。”南朝罗泌所著《路史》也有“尧帝之世有金道华种兰”的记载。这两本著作的内容虽然较为驳杂，多为神话传说故事，但可以看出，在三皇五帝时期，兰花就已经出现了。

而到了春秋战国时期，《离骚》中的“秋兰兮蘼芜，罗生兮堂下。

绿叶兮素华，芳菲菲兮袭予”，《越绝书》中的“勾践种兰渚山”，都反映出当时的古人已经有意识地去种植兰花了，而河姆渡文化遗址中所发现的盆栽技术，更是为当时古人种植兰花提供了技术支持。

古人最初所栽种的兰花多为野生兰花，他们大多是直接采集野生兰花，移植到花盆中。到了魏晋时期，文人雅士们纷纷用兰花来点缀庭院，人工栽培兰花的风气开始盛行起来。到了唐宋时期，不仅种植兰花的人多了起来，介绍兰花培植方法的书籍也多了起来。

南宋赵时庚所著《金漳兰谱》是我国最早的兰花专著，其用五章内容介绍了产于不同地区的 32 个兰花品种，同时还详细论述了兰花培植养护、赏玩评述方面的内容。后世大多数关于兰花的典籍著作，多数都抄录了此书的章节内容，其对后世兰文化的影响是颇为深远的。

古人爱种兰，更爱咏兰，这之中最早也是最具代表性的人物便是孔子。在与学生的对话中，孔子曾多次以兰花做比，其中在与子夏和子贡的对话中，孔子说：“与善人居，如入芝兰之室，久而不闻其香，即与之化矣。”这是将兰花比喻成品德高尚的人，让学生多与这类人相处，这样自己的品德也就会慢慢高尚起来。

而在与子路的对话中，孔子又说：“芝兰生于深谷，不以无人而不芳；君子修道立德。不为困穷而改节。”此时孔子正困于陈蔡之间。面对学生的疑惑，孔子以生长在深谷的兰花不会因为没人观赏就不吐露芬芳，来比喻君子不能因为穷困就改变自己的德行和节操。

古人将兰花摆放在书房里，正是想将自己的书房变成“芝兰之室”，沉浸于兰花香气之中的同时，不断提高自己的德行水平。

清·恽寿平　九兰图，

长60.8厘米，高23.4厘米。又名《建兰图》，图绘兰花数枝，苍秀挺拔，高矮错落，各具姿态。画法新颖别致，用色素洁典雅。现藏于北京故宫博物院。

竹

种竹宜筑土为垅，环水为溪，小桥斜渡，陟级而登。上留平台，以供坐卧，科头散发，俨如万竹林中人也。否则辟地数亩，尽去杂树，四周石叠令稍高，以石柱朱栏围之……又棕竹三等，曰筋头，曰短柄，二种枝短叶垂，堪植盆盎；曰朴竹，节稀叶硬，全欠温雅，但可作扇骨料及画义柄耳。

《长物志》详细介绍了竹子的种植方法，其中包括竹子的选择，以及疏、密、浅、深四种栽植方法。

我国古人使用竹子的历史是非常早的，在古人的很多生活遗址中，出土了许多竹制遗物。有巢氏在巢居之时便使用过竹子，河姆渡人在建造干栏式建筑时，更是广泛应用这种材料。

在古代，我国北方地区多用木头做建筑的主体材料，只有少数帝王宫殿会选用竹子作为主体材料，比如汉武帝时期的甘泉祠宫。而在我国南方地区，尤其是岭南地区，随处都能看到用竹子

明代　仇英绘《竹院品古》

竹造院内竹林前设围屏和画屏，文人雅客群集于庭院内欣赏古物，摆弄饰件。

搭建的房屋。

沈日霖在《粤西锁记》中写道:“不瓦而盖,盖以竹;不砖而墙,墙以竹;不板而门,门以竹。其余若椽、若楞、若窗牖、若承壁,莫非竹者。衙署上房,亦竹屋。”万物皆以竹造,这可以说是对粤西地区竹制建筑最为贴切的描述。

除了被用作建筑的主体材料外,竹子还常作为一种装饰景物被种植在庭院之中。“以竹造园,以竹造景”是江南地区家居建筑的重要设计技法。

唐宋时期,以竹造园的思想便已深入人心,尤其深入了文人雅士的内心之中。王维的“辋川别业”、杜甫的“春溪草堂”、苏轼的“东坡园”,都使用了大量绿竹,这些人工栽种的绿竹与其他花草树木、假山池沼相映成趣,构成了一幅幅生动形象的山水田园图景。

到了明清时期,以竹造园之风更盛。苏州拙政园中的“梧竹幽居”“竹径通幽”“竹廊扶翠”等造园艺术至今依然广为传播;圆明园中“修篁万竿”的“天然图画”更是营造出令人心驰神往的艺术景观。

在造园造景之外,文人雅士们还颇注重对竹子内在品质的歌颂,如刘孝先在《竹》中写的“无人赏高节,徒自抱负心”和郑燮在《竹石》中写的“千磨万击还坚劲,任尔东西南北风”。

没什么设计经费的杜甫都知道向别人讨要竹子,一句“江上舍前无此物,幸分苍翠拂波涛”,更是让人无法拒绝他的请求。

喜爱竹子的外在特征,又被竹子的内在品质所深深吸引,文人雅士们怎能不将竹子栽种在庭院之中呢?

菊

吴中菊盛时，好事家必取数百本，五色相间，高下次列，以供赏玩。此以夸富贵容则可，若真能赏花者，必觅异种……种菊有六要二防之法，谓胎养、土宜、扶植、雨旸、修葺、灌溉、防虫，及雀作窠时，必来摘叶。此皆园丁所宜知，又非吾辈事也。至如瓦料盆及合两瓦为盆者，不如无花为愈矣。

《长物志》认为赏玩菊花需要寻觅珍品，并将其栽种在卧室之中，悉心培养。如果要大面积种植菊花，就需要按照“六要二防”的方法去种植培育，这样菊花才能开得好。那些用瓦片充当花盆来种植菊花的人，倒不如不种花为好。

菊花在古代既可观赏把玩，也可酿酒冲茶，对于文人雅士来说，在庭院或书房中栽种几株菊花，不仅能装点庭园景致，还能凸显自己的高洁志向，关键时刻还能“充饥解饿”。

菊花起源于我国，是一种多年生宿根草本植物，最初的菊花

菊花

选自《本草图谱》。

品种主要是黄色的小菊花，经过自然变异和古人培植后，逐渐出现了各式各样的菊花种类。

魏晋之后，古人开始大量种植菊花，并出现了观赏菊花的爱好。宋代《刘蒙泉》所著《菊谱》一书，是我国最早的菊花专著，其中介绍了近百个菊花品种。

在出现梅花专著之外，宋代还出现了大型的赏菊潮流——“菊花灯会”，在灯会期间，全国各地都会将优秀的菊花品种送到临安城中展览，人们在白天可以尽情赏花，夜晚则可以观灯赏菊。

明清时期，古人延续了前代的赏菊传统，在这一时期的菊花展会上，菊花的名目增加到上千种，尤其是苏州地区，几乎每一处景致之中，都可以看到菊花的踪迹。

对于文人雅士来说，这类大型的赏花盛会是没什么意思的，他们更愿意挑选几株自己心爱的菊花品种，栽种到花盆之中。闲暇之余，观一观花样，嗅一嗅花香，一派安乐知足之意便会涌上心头。

在观赏之外，有些文人雅士对菊花的功用有着独到见解。在美食家苏轼看来，菊花用来“解饿”是非常有效的。他在《后杞菊赋》中写到，自己曾亲身实践了唐代文学家陆龟蒙所说的“菊花能吃”的内容，在一处苗圃中将菊花苗吃了个精光，撑得不得了。

古人爱用菊花做室内装饰，还有一个原因在于其“极赖人工”的特性。不同于牡丹、芍药这两种花，仅依靠自然之力便可顺利成活，菊花非常需要人工养护——添土、修剪、灌溉、除虫，每一步都要细致到位。只有经过悉心呵护，菊花才能长成、开好。

古人认为让“先天不足”的菊花顺利生长，可以砥砺栽培者的心性——都能够将菊花培养成功，让自己成为圣贤又有什么困难的呢？在某种程度上，古人已经将菊花看作是与自己相同的存在。

松

松、柏古虽并称，然最高贵者必以松为首。天目最上，然不易种。取栝子松植堂前广庭，或广台之上，不妨对偶。斋中宜植一株，下用文石为台，或太湖石为栏俱可。水仙、兰蕙、萱草之属，杂莳其下。山松宜植土冈之上，龙鳞既成，涛声相应，何减五株九里哉？

《长物志》认为松、柏虽然常被相提并论，但论高贵还要属松树，尤其是松树中的天目松最为高贵。在家居建筑中种植松树时，可以种在庭院里，也可以种在开阔的亭台上，对偶而种最为适当。在松树之下再种些水仙或萱草之类的花草，装饰的效果就更好了。

松树是一种高大挺拔的树木，当然也有相对低矮的品种，其树形多变，四季常青，无论是开阔平原，还是悬崖峭壁，都可以成为它们生长的沃土。这种不畏恶劣环境茁壮生长的生命力与文人雅士所追求的生命境界是颇为相似的。

明代　仇英绘《高山流水》

高41.1厘米，宽33.8厘米。北京故宫博物院收藏。此画描绘的是春秋时期伯牙和子期『高山流水觅知音』的典故。在重峦叠嶂、绿水飞流的世外之地，伯牙在隐秘于松柏之中的草亭内抚琴，子期顺阶而来。山川内松林间，将隐居山林超凡脱俗的意境刻画得十分生动。古人画山水喜画松柏，一来为应景，二来也表达了自己的气节。

明代　尤求绘《松荫博古图》

高 108.6 厘米，宽 33.6 厘米。在一处庭院内，文人墨客们正在鉴赏把玩古董。大家神态姿态各异，表情丰富，似在互动，还有抱琴刚来参加集会的文人。所鉴赏的古董有铜鼎、香炉、瓶罐等。古文人庭院内喜植松柏、竹子等植物，为欣赏，也为陶冶自身情操。

早在先秦时期，松树便被广泛用于宫殿和宗庙等建筑，粗壮结实的完整松木常被用来充当房屋梁柱，支撑整个房子的重量。在此之外，松树的另一大应用场景便是庭院或室内的景观装饰。

松树的观赏价值主要体现在其树形树姿上，我国的许多风景区都以松树景色闻名于世，如泰山、庐山和黄山。在被用作庭院装饰时，松树多为庭院中的主树，在设计时多讲求与山石地势相结合，或者是搭配亭子、假山，营造出一种天然的意境。

也有古人在设计家居建筑时，会将松树与庭院大门或围墙组合搭配，来构成建筑的外围结构。在这种建筑设计中，松树会变成“盖门松”或“迎客松”——对松树的形态要求颇高，整体观赏效果也是非常不错的。

除了在庭院中栽种松树，古人也会在屋舍内种植松树。种植在屋舍内的松树一般树形较小，可以用石料砌造地台为盆，或用太湖石做成栏杆，也可以直接将松树栽种在较大的花盆中，作为盆景观赏。

在古人眼中，松树是坚韧不屈、德才兼备的理想人格的象征，是君子形象的化身。在家居建筑中种植松树是屋主人对理想人格的认可与追求，古人也希望通过观赏松树来提升自己的人生境界，丰富自己的人格内涵。

鹤

鹤，华亭鹤窠村所出，其体高俊，绿足龟文，最为可爱。江陵鹤津、维扬俱有之。相鹤但取标格奇俊，唳声清亮，颈欲细而长，足欲瘦而节，身欲人立，背欲直削。蓄之者当筑广台，或高冈土垅之上，居以茅庵，邻以池沼，饲以鱼谷。欲教以舞，候其饥，置食于空野，使童子拊掌顿足以诱之。习之既熟，一闻拊掌，即便起舞，谓之食化。空林别墅，白石青松，惟此君最宜。其余羽族，俱未入品。

按照《长物志》的说法，在岩石山居间，唯有鹤才配得上这山水旷野，而其他禽类都是不入品的。鹤的仪表脱俗，唳声清远且舞姿优美，尤其是丹顶鹤，它们就连驱逐入侵者时也保持着时而展翅、时而跳跃的舞动姿态。

上海松江（古称“华亭”）一带以鹤闻名，古人认为，华亭就是丹顶鹤的故乡。正如《长物志》所说，华亭鹤窠村的鹤“其体高俊，绿足龟文，最为可爱”。西晋时期，大都督陆机正是华亭人，可他却因指挥不当被处以死刑。临行前，陆机最惋惜的一件事就是再也听不到华亭的鹤唳声了，“华亭鹤唳”的典故由此而来。

鹤

我国鹤文化有着悠久的历史。在远古时期，鹤就作为图腾的一种而备受敬奉，后来，商族继承了这一图腾。在《诗经》中有“天命玄鸟，降而生商”的记载，其中玄鸟就是指黑色的鹤。古人认为，鹤的寿命一旦超过千年就会变成仓色，超过两千岁则化作黑色。

为何古人对鹤如此情有独钟？原来，这与人们赋予鹤的美好观念紧密相关。

在道教中，仙鹤与神鹿被看作是仙人的坐骑，所以，鹤被赋予了长寿的意义。在儒教中，鹤是象征着父子关系的鸟。因为当大鹤长鸣时，小鹤也跟着鸣叫，所以，鹤是“父鸣子和”的象征。丹顶鹤性情高雅，是地位仅次于凤凰的“一品鸟”，所以古人也经常用“君子鹤”来比喻那些情操高洁的贤能之士。

人们常将鹤和松画在一起，取“松鹤长春”之意。松因其长青不朽而被古人誉为“百木之长”。据说，一棵寿过千年的松树，流出的松脂会化作茯苓，服下可长生。鹤也一直有“百羽之宗”的美誉，据说，人服松脂化成的茯苓可升仙，升仙后方可化鹤。所以，古代一直有“千岁之鹤依千年之松”的说法。

鹦鹉

鹦鹉能言，然须教以小诗及韵语，不可令闻市井鄙俚之谈，聒然盈耳。铜架食缸，俱须精巧。然此鸟及锦鸡、孔雀、倒挂、吐绶诸种，皆断为闺合中物，非幽人所需也。

鹦鹉会学舌，所以，古人喜欢教它短诗及韵语，且养它的笼子需要精巧别致。如果有谁家的鹦鹉聒噪吵人，满嘴市井俚语，人们就会认为这只鹦鹉的主人品行不端。

中国人驯养鹦鹉的历史相当久远，西汉的《礼记》一书中便有“鹦鹉能言，不离飞鸟，猩猩能言，不离禽兽”的记载，可见鹦鹉在那时就已经相当普遍了。

唐代崔颢有“晴川历历汉阳树，芳草萋萋鹦鹉洲”的诗句，鹦鹉洲在黄鹤楼附近，人们登黄鹤楼即可远眺鹦鹉洲。鹦鹉洲因祢衡的《鹦鹉赋》得名。

祢衡是东汉末年名士，其《鹦鹉赋》中以“严霜初降，凉风萧瑟。长吟远慕，哀鸣感类。音声凄以激扬，容貌惨以憔悴。闻之者悲伤，见之者陨泪。放臣为之屡叹，弃妻为之歔欷”等句自比，可见他是一个才华超群却恃才傲物的人。他曾为曹操谋臣，后因顶撞曹操被送到刘表那里，在刘表手下不久，又因言语不讨刘表喜欢，被刘表送给了黄祖。黄祖行伍出身，不能容忍祢衡的傲慢，故将祢衡杀害了。

《百花鸟图》中的鹦鹉

《百花鸟图》为余曾三所作，从康熙编撰至雍正年间才完成，画面工笔精美，画中绘制了上百种当时的稀奇花卉和鸟类，并带有小楷诗文，秀气十分。上面还有张廷玉、鄂尔泰等人写的诗句，画笔精美，堪称一绝。

李白登黄鹤楼时，曾写了一首《望鹦鹉洲怀祢衡》。诗中，李白以“吴江赋鹦鹉，落笔超群英。锵锵振金玉，句句欲飞鸣”来赞扬祢衡的傲骨，也表达了自己的怀才不遇之情。

虽然鹦鹉与文人的故事很多，但与鹤不同，古人普遍将鹦鹉看成闺阁之鸟，清高的文人隐士并不喜欢逗弄这种鸟类。比如宋代名士林逋曾在杭州的孤山隐居。隐居时，他植梅养鹤，吟诗作画，这种高雅的生活场景常常被人羡慕称颂。试想，如果他隐居时只是在门廊处逗弄几只鹦鹉，那就失去其隐居的高雅意境了。

所以，古人养鹦鹉主要是闺中女子以此取乐，高雅之士并不好此道。

朱鱼

朱鱼独盛吴中，以色如辰州朱砂故名。此种最宜盆蓄，有红而带黄色者，皆可点缀陂池。

朱鱼是一种生有红色和黄色鳞片的观赏鱼，因为它的颜色与辰州出产的朱砂颜色相当，所以古人将其称作朱鱼。

明朝时期，苏州养鱼之风盛行。文人张德谦在其撰写的《朱砂鱼谱》中做了这样的记载：“朱砂鱼，独盛于吴中，大都以色如辰州朱砂，故名之云尔。此种最宜盆蓄，极为鉴赏家所珍。有等红而带黄色者，即人间所谓金鲫，乃其别种，仅可点缀陂池，不能当朱砂鱼之十一，切勿蓄。”可见，朱砂鱼不同于草金鱼，它是需要放在盆中仔细养的观赏鱼种。

张德谦之所以讲起朱砂鱼来如数家珍，是因为张家是书香世家，家中有不少朱砂鱼。根据史料记载，张家前后养的朱砂鱼有数十万之多。每当张家培育出品质优异的鱼，就会命画工将其画出来，以便传于后世。

从画像上看，张家养的珍品朱砂鱼中，有通身雪白但头顶朱砂“王”字鱼，有鱼头鱼尾皆成红色的朱砂玉带鱼，有周身皆有七星图案的朱砂鱼等。张德谦曾充满感情地说：“鱼相忘于江湖，是鱼乐也。朱砂鱼不幸，为庭斋间物，涓涓一勺水之积也，不厚故。”意思是鱼原本是生于江湖的，可朱砂鱼却只能养在盆里，十分可怜。所以，养朱砂鱼的人要勤加换水，以作补偿。

我国养金鱼的历史相当久远，中国是金鱼的原产地。明朝时期，江南一带有许多世家喜好养鱼，时至今日，人们仍以养金鱼为乐。

清代文人许之祯撰写过一部《南洋见闻录》，其中有这样一个故事：许之祯在南洋安汶岛遇到过一个中国人，此人自称是明朝皇室后裔，他家也是明朝时期的装修风格。此人家中修了一个水池，池中鱼品相皆为上佳。此人对许之祯说，这些鱼是代代相传的，自己逃往海外后，就是靠卖鱼获利的。

在中国，花鸟鱼虫都有各自的美。作为观赏鱼的一种，朱鱼本身就有极强的吸引力，所以，古往今来无数人士都对朱鱼痴迷不已。时至今日，朱鱼及其他观赏鱼仍然活跃在雅玩市场，为人们的生活添姿添彩。

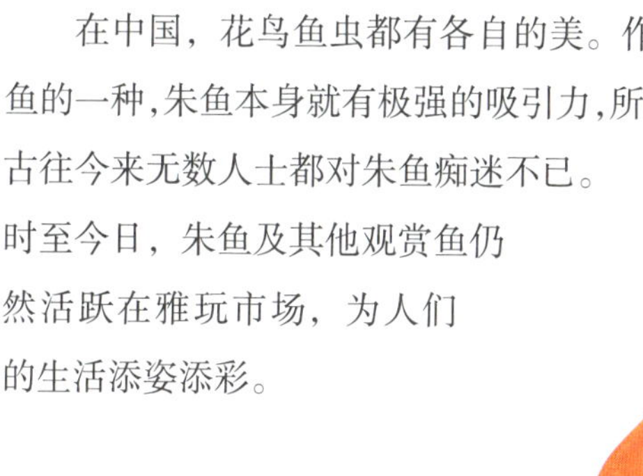

金鱼

叁 艺术与生活

第一节　宫谓之室，室谓之宫

这里为何要这样建？那里又为何要那样修？古人在修建家居建筑时，既要追求匠心与旨趣，也要遵守一定之规。宫与室，廊与院，东厢与西厢，不同的建筑单元，有不同的称谓和建筑方法，只有弄懂这些内容，才能真正建造起具有美感的家居建筑来。

升阶入堂，登堂入室

在汉语语境里，“登堂入室”这个成语比喻的是学问或技能由浅到深，最终达到很高的水平。但如果抛去其文化层面的引申意义，“登堂入室”这个词所讲的其实是我国古代家居建筑格局的内容。

一处完整的中国古代家居建筑，需要包括门、庭、堂、室等主要空间构件，门在最外一层，进门之后是庭，穿庭而过来到堂，登堂之后才可入室，堂室之间的门为“户”，窗为“牖”，室的北面如有窗则为“向”。正是有了这样的家居建筑格局，才会有“升阶入堂，登堂入室”的说法。

我国古代的家居建筑多为这种堂室结构，堂与室建在同一块台基上，堂在前，室在后，堂前有阶，位于庭中。古人想要进入室中，要先穿过门庭，登上堂阶，再走过厅堂，这正是“升阶入堂，登堂入室”的过程。

古人的厅堂相当于现代人家的客厅，多位于整个家居建筑的中央，正对门庭，占据着最为宽敞的空间。作为家居建筑中最为重要的活动场所，古人对厅堂的装修设计也有着严格的要求。

大户人家在设计厅堂时多以正厅中轴为基准线，采用对称方式摆放物品。仔细观察可以发现，无论是楹联、匾额，还是书画、家具，在厅堂中都是成对成套出现的。这种对称布局的装饰风格，可以让厅堂更显庄重、高贵之感，也可以反映出中国古人传统的中庸观念。

厅堂前的台阶被称为堂阶，房室主人的身份地位越高贵，堂阶就会越高，装饰也会越华丽。帝王家的堂阶之高，让那些每天上朝的大臣们叫苦不迭，其装饰程度更是让天下之人羡慕不已，当然，想要登上这样的厅堂，也是需要一定的身份和地位的。

在具体的装饰布局上，古人还会根据自身的具体需求来放置家具，比如为了用餐，古人会在厅堂正中放置一个八仙桌；而出于会谈需要，古人则会舍弃八仙桌，而在厅堂左右多配置一些茶几和太师椅。

总的来说，厅堂家具的摆放体现的是室主人的生活品位与精神追求，帝王贵胄与平常百姓的厅堂在华丽程度上必然是不同的，但在意境旨趣上却可能并没多少差别。

大堂布置和装饰

选自《中国建筑彩绘笔记——工具与样式》。

大堂布置和装饰

选自《中国建筑彩绘笔记——工具与样式》。

堂主要是古人会客活动的区域，而室则是主人休息和睡觉的场所，因此相对于堂来说，室的私密性要更高一些。客人去主人家做客，“升阶入堂”是必需的，但“登堂入室”却没多少必要，这也是为什么“登堂入室”可以在汉语语境中表示进入更高水平和境界的原因所在。

古人在设计室时，并不像设计厅堂那样规矩、刻板，越是让室的布局松散，越容易给人亲切之感。古人尤其注重对床的设计，一张华丽舒适的床会给主人带来一辈子的好运，这是大多数古人都深信不疑的说法。

相比于对大厅堂的追求，古人很少将卧室设计得很大，即使是宫中皇帝的卧室也只有十几平方米。这一方面是因为小的卧室更容易保暖，另一方面也有风水学说的影响，古人认为卧室的大小最好与居住的人数成正比，一味追求大面积的卧室是不可取的。

堂与室作为古代家居建筑的重要组成部分，是展示室主人身份地位和精神追求的主要“舞台”。为了能够向外人展示最好的一面，室主人往往在装饰布局上下功夫。也正因为如此，在至今保存的古代建筑中，我们仍能够从堂和室的装饰中窥见古人对美和艺术的取舍。

面南而坐与面东而坐

“正房炕上横设一张炕桌，桌上磊着书籍茶具，靠东壁面西设着半旧的青缎靠背引枕。王夫人却坐在西边下首，亦是半旧的青缎靠背坐褥。见黛玉来了，便往东让。黛玉心中料定这是贾政之位。因见挨炕一溜三张椅子上，也搭着半旧的弹墨椅袱，黛玉便向椅上坐了。王夫人再四携他上炕，他方挨王夫人坐了。”

年幼的黛玉已经知道屋内东面的座位是给身份尊贵的室主人坐的，所以自己选择了旁边的椅子落座，最后在王夫人的多次招呼下，才又坐到了王夫人身边。上面这段黛玉进贾府的描写，既表现了林黛玉的聪明知礼，也表现了古人居室之中的座次礼仪。

古人在建房子时，对房屋的朝向是颇为讲究的。坐北朝南是建房子的基本要求，一方面这样的房子可以获得更为充分的光照，另一方面也可以躲避北风的袭扰。

《周易·说卦》有载："圣人南面而听天下，向明而治，盖取诸此也。"是说古代君王在上朝时都向南而坐，因为这样可以听取天下政事，更开明地治理天下。由此可见，面南而坐是一种地位尊贵的表现，这一点在寻常百姓家亦是如此。

在古人的家居建筑中，整个房子是坐北朝南建造的，堂上的座位也是以面南为尊的。长辈或身份尊贵的人处于坐北朝南的正位，而晚辈们则分别坐在堂中左右两排座椅上。一般来说，主人与宾客坐于堂中上位时，主人通常会坐在右边的座椅上，而将左边的座椅留给客人来坐，以示对客人的尊敬。

既然古人以面南而坐为尊，为什么黛玉在进贾府时，认为面东的座位是给身份尊贵的人坐的呢？想要了解这一点，需要从"黛玉进贾府"这一片段，以及古人在室内的座次礼仪两方面说起。

首先，古人在室中的座次礼仪与在堂中是不同的。古人在堂中是以面南而坐为尊，在室中却是以面东而坐为尊。

《鸿门宴》中有载："项王、项伯东向坐，亚父南向坐，——亚父者，范增也；沛公北向坐；张良西向侍。"

在这里，按照常理来说，项羽邀请刘邦来做客，应该让刘邦

古时偏房的坐卧家具布置

选自《中国建筑彩绘笔记——工具与样式》。人们不仅对房屋的朝向很讲究，而且对房屋中家具摆设的讲究也各不相同。古代有很严格的礼仪制度，因此在座次礼仪上，堂内和室内是不一样的。堂内为面南为尊，室内为面东为尊。

向东而坐，以示尊敬，但他却让刘邦北向坐，而自己东向坐，很明显是为了突出自己地位的尊贵，但实际上却给刘邦提了个醒。如果项羽能在这时表现得谦卑一些，没准刘邦真的就会麻痹大意，倒在鸿门宴上。

如果更换一种场景，项羽将设宴的地点从“室”中移到“堂”中，那他们的座次就会变成“项王、项伯南向坐，亚父西向坐，沛公东向坐，张良北向侍”了。

其次，如果仔细品读《红楼梦》中“黛玉进贾府”这一片段可以发现，林黛玉最初被嬷嬷们带到了正室东边的三间耳房中，但没多久却又被请到了东廊的三间小正房内。这两处房屋的装饰规格是颇为不同的，相对来说，黛玉最初去的三间耳房的装饰规格是要远好于后面的三间小正房的。

从这里可以看出，王夫人认为黛玉作为客人并没那么重要，所以选择在三间小正房中接待她。如果来了更为重要的客人，王夫人应该会选择那三间耳房，或者是荣禧堂来接待。在贾府中，荣禧堂才是接待重要客人的地方。

无论是三间耳房，还是三间小正房，都属于“室”的范畴，所以黛玉自然知道面东的座位为尊位，自己应坐在面西的椅子上。而如果王夫人选择在荣禧堂接待黛玉的话，黛玉可能就会面北站着，或者坐到堂中左右面的椅子上了。

由此可知，古人在堂中的座位是以面南为尊，而在室内则是以面东为尊。了解了这种礼仪规定，再去看一些典籍著作中记录的有关古人座次的内容，就更容易理解了。

东厢与西厢

“待月西厢下，迎风半户开。拂墙花影动，疑是玉人来。”这是《西厢记》中崔莺莺写给张生的纸条上的内容，虽然在红娘眼中这只是些看不懂的文字，但张生知道，这是崔莺莺约自己半夜在西厢见面。

“西厢”也是我国古代家居建筑中的重要组成部分，试想如果当时的普救寺没有建造东厢房和西厢房的话，张生与崔莺莺的感人故事可能就要换一种形式上演了。

在古代家居建筑中，厢最初是指堂东西两侧夹室前的小屋，到了后来，主要指堂和室之间左右两侧的房屋。尤其在老北京的四合院中，厢房更是不可或缺的存在。

由于古人的房子多是坐北朝南而建，所以堂室左右的厢房又被称为东厢房和西厢房，有时也被称为“左护龙”和“右护龙”。

相比于正房，厢房在尺寸、用料和设计上都要简单一些，一般都是家族中的晚辈或是借宿的客人居住，家中长辈主要住在正房中。也有的家庭会安排儿子住在东厢房，女儿住在西厢房。

在一处四合院中，正房和厢房之间的差别是较为明显的，一般正房的台基要比厢房高出一些。有的四合院在厢房的设计上也会存在一些差别，比如有的人家会将东厢房的台基设计得高一些，而西厢房的台基相对低一些。当然这种差别往往是非常细微的，甚至通过肉眼都很难辨别出来。

从地位上来讲，东厢房似乎要高于西厢房一些，但如果从居住体验上来讲，住在东厢房的儿子远没有住在西厢房的女儿舒服。

由于正房要保持坐北朝南的朝向，所以东厢房就会坐东朝西，窗户只能向西面打开。这样一来，在冬天时，太阳光无法照射到屋内，寒风却一个劲地向屋里吹；而在夏天时，虽然没了寒风的侵袭，但经过一整天暴晒后，屋内就会变成一个“烤箱”，非常闷热。

相对来说，西厢房的情况就要比东厢房稍好一些。当然，最适宜居住的还属坐北朝南的正房，冬暖夏凉不说，还较少有人打扰。

廊与廊院

“厢耳、廊庑、院门、围墙等周绕联络而成一院。”这是梁思成先生在《我国伟大的建筑传统与遗产》中所写的一段内容，其中所提到的廊庑是家居建筑庭院的重要组成部分。

在我国古代家居建筑中，廊、庑其实是两个并不相同的概念，其中廊指的是家居建筑中有顶的通道，主要功用是遮阳、挡雨、供人休息；而庑则是指较长的屋子，拥有墙壁，可以住人。

从具体的建筑物考古来看，我国古代家居建筑中对廊的设计还是颇为用心的。传统的廊按照形制来划分，可以分为附属性廊和独立性廊两大类，在独立性廊中又有半面廊、双面廊、凌空廊等几种。

附属性廊多与宫殿楼阁相配，是宫殿楼阁的一个重要组成部分。在寻常百姓家较少看到这种附属性廊，而在宫殿寺庙中却满

楼阁与附属性廊

选自《中国建筑彩绘笔记——工具与样式》。附属性廊指的是依附于建筑的廊，其与建筑紧密相连，分为檐廊和抄手廊。附属性廊环绕建筑，人们可以在其中行走，有很好的遮阴、休憩的作用，也可在廊内停坐，观赏风景。

是此类廊，比如在故宫的太和门和坤宁宫前后，都设计有廊，山西应县木塔更是前后左右都设计了这种附属性廊。

相比于这类廊，独立廊在功能和美感上要更强一些。独立廊甚少与其他单体建筑产生从属关系，其自成一体，连接庭院中的不同建筑主体。

相传，吴王夫差曾为美女西施建造一处宫殿，宫殿中有一处廊名为“响廊”，这种廊的最下面是一排空瓮，上面铺有一块木板，虽然简陋，却创造了一种别样的意趣。每当西施走过这里时，都会发出有韵律的声响，就像是有人在弹奏某种特殊的乐器一样。

除了这种奇特的“响廊”外，古人还创造出了半面廊和双面廊。

半面廊的一面透空，只在地面上设立几处较矮的围栏，廊的另一面可以是墙壁，古人会将墙壁镂刻出各式花纹，或者在墙壁上开一些小门，开出新的廊道。这种半面廊多出现在园林建筑中，江南地区的大户人家多通过这种廊道来引导游人的行进。

双面廊可以看作是两个半面廊的墙壁部分重回后得到的新的廊道，这种廊道可以将两处不同的景色隔开。游人可以通过墙壁上的漏窗观赏到另外一处景色，这种独特的观景方式可以为游人带来不一样的观光体验。

相比于这些建造在园林宫殿之中的独特廊道，寻常人家的廊道要简单一些，这些廊道所发挥的作用也更为实际，要么用来遮风挡雨，要么用来规划步道，可见平民百姓在修建廊道时，更注重其所具有的功能性和实用性。

在这种简单朴素的设计思路影响下，廊院作为我国传统家居建筑布局的一种主要类型，走上了历史舞台。廊院主要是将主房与院门之间用廊来围合，从而构成一个封闭的院落。这种院落布局方法通过廊和墙将一个个独立的建筑连接起来，组成一种空间层次分明的建筑群落，在各处回廊上安装棂窗，还能让建筑原有的视觉空间得以延展，进一步增强建筑与建筑之间的联系。

古代最早出现的一些四合院多采用这种廊院形式，到宋代以后，廊院开始逐渐减少，明清时期基本上就完全消失了。虽然已经消亡，但作为我国传统家居建筑中的一种重要布局方法，廊院仍然是研究我国传统建筑文化所不能不提到的一个重要组成部分。

第二节　斯是陋室，惟吾德馨

即使是两处构造装饰相似的家居建筑，也会因室主人的不同，而呈现出不同的气质。那些古代『名人』的建筑尤是如此，刘禹锡的『陋室』与杜甫的『茅屋』，虽简陋却不庸俗；张岱的『云林秘府』和蒲松龄的『聊斋』，既神秘又有特色，乾隆皇帝的『三希堂』则是一派富丽典雅之气。这些居室虽各有不同，但室主人在此中所获乐趣却是不尽相同的。

刘禹锡的陋室

山不在高，有仙则名。水不在深，有龙则灵。斯是陋室，惟吾德馨。苔痕上阶绿，草色入帘青。谈笑有鸿儒，往来无白丁。可以调素琴，阅金经。无丝竹之乱耳，无案牍之劳形。南阳诸葛庐，西蜀子云亭。孔子云：何陋之有？

刘禹锡所描述的陋室恰如梭罗在瓦尔登湖畔的居所一样，不仅为他提供了一个安身之处，更为他创造了一个独特的精神家园。

刘禹锡的一生虽有遗憾，却又十分圆满。遗憾是因其政治才能没有全部施展，圆满则是因其一生毫不妥协地为理想坚守。在当政之时，他敢于革除弊政，对官僚阶级开刀；在被贬之时，他又不屈服于权贵，豁达地面对起落人生。

《陋室铭》正是其在人生低谷时所作，他用不足百字，将陋室的气质升华提高，展现出自己安于清贫的豁达心态。

“山不在高，有仙则名。水不在深，有龙则灵。”家居建筑的贵雅与简陋，并不只体现在外部特征上，室主人的品性才是建筑的灵魂与精神内核。

“苔痕上阶绿，草色入帘青。”在刘禹锡看来，最好的建筑装饰就是自然之色，台阶上的苔藓和庭院中的绿植为陋室增添了无限生机与活力。生活在这样的居所之中，谁还会去在意世俗的烦扰，谁还会去抱怨条件的艰苦呢?

“谈笑有鸿儒，往来无白丁。”在深山老林中择一处僻静地修建庭院，自然可以落得个安闲自在，但隐于山林并不便于与贤达之士沟通交流，这并非刘禹锡所愿。也正因如此，多次搬迁后，刘禹锡的陋室虽然越来越小，却依然有许多鸿儒往来谈笑，颇显高雅气息。

“可以调素琴，阅金经。”空间再狭小的居所，也要有休闲娱乐的区域。刘禹锡在陋室中，可以拨弄琴弦，也可以遍阅经书典籍。陋室的装饰虽不华丽，但其内在功能却是非常齐全的。

“无丝竹之乱耳，无案牍之劳形。”远离闹市的喧嚣，远离工作的烦恼，这种静谧安详是每个人都向往和追寻的。刘禹锡的陋室能有如此雅致的环境，真的可以说是“陋室不陋”了。

虽说“陋室不陋”，但从刘禹锡当时的境遇来看，他的生活条件还是较为艰苦的。现在我们所看到的陋室，并非刘禹锡当年所住之模样，而是后世几经修葺的结果。虽然在修葺过程中着力还原并保留了陋室原来的模样，但其原有的室主人所赋予的精神气质已经所剩无几了。

杜甫的茅屋与草堂

背郭堂成荫白茅，缘江路熟俯青郊。桤林碍日吟风叶，笼竹和烟滴露梢。

暂止飞乌将数子，频来语燕定新巢。旁人错比扬雄宅，懒惰无心作解嘲。

这首诗是杜甫来到成都后第二年，草堂落成时所作。杜甫用这首诗细致描绘了草堂的多处细节，生动形象地展现了草堂建成后，自己内心的喜悦与激动之情。

杜甫草堂位于成都西郊的浣花溪畔，坐落在沿江大路的高地上，站在草堂之中，可以直接俯瞰郊野的美丽景色。对于杜甫来说，这处草堂是他流亡多年后唯一的安身之所，所以在设计建造草堂时，杜甫也是颇费了一番心血。

以当时杜甫的条件，给自己修建一座茅草屋尚且是件难事，要建造一座花园式草堂就更是难上加难了。为了能够顺利完成草堂的修建，杜甫不得不舍下颜面去向亲朋好友四处讨借资财。

在《王十五司马弟出郭相访兼遗营茅屋赀》中，杜甫写道：“忧我营茅栋，携钱过野桥。他乡唯表弟，还往莫辞遥。”这正是对表弟王十五为自己送钱来的感谢。这笔钱不仅帮助杜甫度过了初来成都的艰难岁月，更为杜甫建造草堂提供了资金支持。

清 王时敏 杜甫诗意图册

除了受到表弟王十五的资助，杜甫还受到两任成都尹裴冕和严武的照顾。在对外寻求金钱资助时，杜甫还曾向朋友们讨要过草堂庭院中的苗木，每次得偿所愿，杜甫都会为朋友赠诗一首。

比如，从好友徐卿那里要得果树，杜甫写下《诣徐卿觅果栽》一诗；从好友韦续处要得绵竹，杜甫又写下了《从韦二明府续处觅绵竹》一诗；从好友萧实那里要得百棵桃树，杜甫又写下了《萧八明府实处觅桃栽》一诗。

可以看出，杜甫在修建草堂时，使用的大部分物料都是从朋友处讨要所得。在流离失所之时，依然有如此多的朋友愿意帮助杜甫，足以见杜甫的人格魅力。

草堂建好之后，杜甫一家终于拥有了新的安身立命之所，在这里生活期间，杜甫创作了大量传世诗作。相比于困局长安时期，这一时期杜甫的诗作多了些美好与安定，或许只有在成都草堂生活的这段岁月，杜甫才有闲情去欣赏身边的美景。

这里有“两个黄鹂鸣翠柳，一行白鹭上青天”的绝美春景，有“江深竹静两三家，多事红花映白花”的江畔花景，也有“野径云俱黑，江船火独明，晓看红湿处，花重锦官城”的雨夜之景，更有“八月秋高风怒号，卷我屋上三重茅。茅飞渡江洒江郊，高者挂罥长林梢，下者飘转沉塘坳”的秋风萧瑟之景。

在《江村》一诗中，杜甫写道：“老妻画纸为棋局，稚子敲针作钓钩。但有故人供禄米，微躯此外更何求。”即使草堂建好后，杜甫的生活也没有发生太大改变，一家老小依然要为生计发愁。在草堂生活期间，只有获得朋友资助的日子，杜甫的心情才会轻松下来，但这样的日子又怎会长久呢？

在《奉送严公入朝十韵》中，杜甫以“此生那老蜀，不死会归秦”来表达自己滞留蜀地的惆怅，草堂景色虽美，环境虽幽，却不是他的终老之地，他希望重回长安，重回朝廷，这既是叶落归根的念想，也是渴求建功立业的伟大抱负。

张岱的『云林秘府』

明代文学家张岱不仅擅写散文，在房屋设计方面也是颇有心得，在《梅花书屋》一文中，他便详细介绍了自己改造老屋的心得与体会。

与前面提到的刘禹锡和杜甫相比，张岱的家庭条件要好上许多。出生于官宦之家、家境优渥的张岱早年四处游历，晚年则潜心著述，在明朝灭亡后，张岱依然不改其志，不入清廷为官，拒绝清廷延揽隐于民间，最终在93岁那年与世长辞。他的一生可以

张岱像

晚明时期著名文学家。虽出生于官宦世家，但其一生淡泊名利。精通各类文艺，爱著书写作，最擅长作散文。著作有《西湖七月半》《湖心亭看雪》《陶庵梦忆》等。他喜静雅，所以他的『云林秘府』中也只招待那些富有学识的高雅之士。

说是既丰富也精彩。

在《梅花书屋》一文中，张岱详细介绍了自己将老屋改造成书屋的经历，从家具摆设到装饰布局，每一处细节都有提及，可以说是古人改造书房的样板之作。

这间老屋原名为“梅花书屋”，改造完成后，张岱将其命名为“云林秘府”，所谓“秘府”的意思便是这里只招待那些富有学识的高雅之士，而不对其他人开放，这倒是与刘禹锡陋室的“谈笑有鸿儒，往来无白丁”颇为相似。

在改造之初，张岱先是将老屋的地基加高了四尺，然后在地基上又重新搭建了一个更大的书屋。在书屋之内，长条书桌及笔、墨、纸、砚等文房清供自然是不可或缺之物，可坐可卧的几榻、美观实用的香炉与书架，也都被装入了这间书屋之中。在书屋侧面的耳房中，隔扇纱橱之后是休息间，里面放有卧榻等起居用具。

在书屋的前后，张岱开辟出大片空地，在书屋后墙的墙根处栽种了三棵西瓜瓤大牡丹树，而在书屋正面台基上则栽种了两棵西府海棠。

除了栽种花木外，张岱还在书屋前院砌造了一些石花台，并用太湖石堆叠了几座假山。为了让假山更为逼真，他在假山周围栽种了一些西溪梅花和几株云南茶花，来增添山石的生机。而在梅花之下，他又用璎珞花样的西番莲覆盖地面，让湖石假山变得更加生动真实。

书屋前的台阶下，自然生长着许多青草，还有些许秋海棠点缀其中。书屋的窗外，建有一处竹棚，以蔷薇花覆盖周身。当蔷薇花生长茂盛时，竹棚的绿荫会遮挡阳光，书屋也会因此而变得幽静凉爽。

如此清幽雅静的环境，怪不得张岱要专门写一篇文章来记叙。对于古代的文人雅士来说，书房的环境与装饰要符合室主人的本心。只要做到这一点，陋室和豪宅也就没有多少区别了。

蒲松龄的『聊斋』

蒲松龄的生长环境与张岱颇为相似，其祖辈皆为读书人，家境优渥，书香气息浓厚。但与张岱的不同之处在于，蒲松龄对科举仕途是颇为热心的，但奈何他运势不佳，科举考试屡试屡败，一直到 72 岁，才被补为贡生。

在科举考场上摸爬滚打大半生的蒲松龄，虽然没有通过科举实现当官理想，却从考场上获得了大量鲜活素材。这些素材都被他用在了《聊斋志异》的创作中，深刻讽刺和揭露了清王朝腐败的考场与官场。

清代　改琦绘《聊斋故事画册》

台北「故宫博物院」藏．清代绘本。《聊斋志异》又叫《鬼狐传》，是蒲松龄所写的短篇小说集。全书共近500篇，内容广泛，多为狐仙、鬼妖等故事。此《聊斋故事画册》选取《聊斋志异》中的10个故事，每个故事配一插图。

《聊斋志异》中的“聊斋”正是蒲松龄的书房，“聊斋志异”的意思就是在自己的书房中记述一些怪诞离奇的事情。

蒲松龄在成婚之后，便与兄弟分家，获得了“旷无四壁”的老屋三间。从外面看，这些老屋与其周围的房子没什么太大区别，但走进去却会发现这里其实是别有洞天的。

在“聊斋”的庭院中，蒲松龄砌造了山石水池，支起了瓜架豆棚，还栽种了蜡梅、秋菊等植株。在这些花木水石的点缀之下，整个庭院瞬间升腾起一种自然山林之美，颇有些书香之家的味道。

之所以将书房命名为“聊斋”，是因为蒲松龄自己经常在这里与友人谈论鬼仙之物。这些聊天的内容，经过他艺术性地创作加工，最终变成《聊斋志异》中精彩的鬼怪故事。

既然要招待宾客、品茶谈天，书房之中的几、榻、椅、凳自然必不可少，这些家居生活之物虽然并不华丽，却承载着诸多故事。在家居装饰的陈设上，蒲松龄并未过多追求整体的意境与氛围，而是多从舒适角度出发，尽可能地满足自己及宾客的使用需要。

现在的“聊斋”作为蒲松龄故居，已经与之前大为不同。后世对“聊斋”进行修建改造时，在尽力还原“聊斋”本来面貌的同时，又增设了蒲松龄艺术馆、狐仙园、石隐园、聊斋宫、柳泉等建筑景观。在丰富“聊斋”艺术内涵的同时，也将“聊斋”的文化内涵展现了出来。

乾隆皇帝的『三希堂』

书房是古人的精神家园，寄寓着读书人的理想与操守。在对书房进行设计时，不同的人会有不同的奇思妙想。这些奇思妙想无关乎读书人的职业身份，也无关乎他们的财富权势，只与他们的兴趣和追求有关。

皇帝的书房不一定是最大的，但一定是最华丽的，这句话用在乾隆皇帝身上是颇为合适的，他的“三希堂”书房只有不到10

三希堂

三希堂，清乾隆皇帝的读书房。位于故宫中养心殿的西暖阁。原名温室，后改为三希堂。『三希』为『士希贤，贤希圣，圣希天』，乾隆皇帝勤奋自勉，期望可以成为贤明、圣明的天子。

平方米，但在装饰布置上极为精致，可谓是“麻雀虽小，五脏俱全”。

“三希堂”位于故宫养心殿西暖阁，是乾隆皇帝读书藏书之所。其屋室极小，陈设古朴优雅，冬日阳光照射，室内如温室一般。整个屋子被一扇楠木雕花隔扇分割成南北两间小室，外室以蓝白色几何纹饰瓷砖铺地，内室则以半炕半地布局构成。

乾隆皇帝读书练字主要在内室的炕上，炕的面积并不大，仅可供一人躺坐。炕的东面安放着靠背、坐垫和迎手，墙壁上挂有乾隆皇帝御题的“怀抱观古今，深心托毫素”的对联，以及“三希堂”的匾额；炕的中部放有书桌，其上摆放着玉笔筒、玉笔山和砚台；炕的西面墙壁上有《人物观花图》贴落，为清廷华师郎世宁与金廷标合画。炕一边的窗台上，陈列着一些文房清玩，左右立面则各挂有一件壁瓶，最大化利用了室内空间。

内室地面的东墙上，挂着一些装饰用的壁瓶，艳丽华贵；西墙上挂着一面从上到下的镜子，在整体上增加了内室的纵深感。

从整体装饰上可以看出，“三希堂”并没有使用极尽华丽的黄金玉器装饰，而是选用了壁瓶、字画作为主要的装饰物件，其余陈设皆以文物为主。据统计，在整个“三希堂”中，乾隆皇帝一共放入了一百多件文物。

“三希堂”的“三希”有两层含义，一层是指“士希贤，贤希圣，圣希天”，即古代读书人对更高知识境界的不断追求；另一层是指三件稀世珍宝，即这间书房中收藏的三件名家字帖——王羲之的《快雪时晴帖》、王珣的《伯远帖》和王献之的《中秋帖》。

这三件名家字帖不仅是“三希堂”的镇堂之宝，也是大收藏家乾隆最为珍爱的收藏品。爱好书法的乾隆皇帝自然不会只收藏这三件书法珍宝，除了这三位名家的墨宝外，乾隆皇帝在“三希堂”中还收录了其他一百三十多位名家墨宝。

为了将自己的爱好变成全国人民的爱好，乾隆皇帝还让人将这三种字帖的墨色和皇家所收藏的历代书法真迹合编成一部大型从帖，即《三希堂法帖》，该从帖共计三十二册，收录了魏晋至明代一百三十多位书法名家的书法名迹真品，具有极高的艺术价值和收藏价值。

在“三希堂”这个狭小空间内，除了肉眼可见的各式装饰和文房清玩外，还有一些看不到的书香与雅趣，只有真正置身其中，才能有所感触。

敘時人錄其所述雖世殊事
異所以興懷其致一也後之攬
者亦將有感於斯文

永和九年暮春月內史山陰幽興
發群賢吟詠無足稱敘引抽
毫縱奇札爰爰重寫終不如神
助留為萬世法廿八行三百字之字
最多無一似昭陵竟發不知歸
模寫典刑猶可秘彥遠記模不
記褚要錄班班紀名氏後生有
得苦求奇尋購褚模驚一
世寄言好事但賞佳俗說紛
紛那有是

南陽仇允武林舒穆平陽張
翥朱方吳霖同觀

大德甲辰三月庚午過
仇伯壽許出示古今名
跡末後見此不勝欣
歎吳郡張澤之敬書

後四十四載延祐丁亥張雨重觀于開元草堂
雨舊名澤之

大德甲辰良月 蜀後學程 拜手敬觀于金淵濟陽家塾

題蘭亭墨本卷
右蘭亭墨本一卷說者以為褚遂良
所臨用筆精熟略不經意無(?)褚

模氏才翁房題為褚模王羲之蘭亭
帖南宮鑒賞信不誣矣余性嗜古自許
有翰墨緣雖不敢附才翁海岳之後
亦不同嚏聲呵息之儔蓋有風雨興思
鬼神通竊者譬之探驪得珠餘皆鱗
爪也昔山谷云觀蘭亭要各存之以心
會其妙處耳信為賞鑒家之格言
也夫

己巳初冬重裝畢遂書其後
蓋年卞永譽令之氏

唐太宗命褚河南臨摹禊序
分賜諸臣進上之外必有省齋
自臨別本其進上惟恐不肖則
規規模仿法勝於意自臨別本
則心閒手敏意勝於法余觀
唐宋來臨摹者夥矣未有若
此卷臨寫之神妙者信為心手
俱化得意之筆耳

[illegible]也自宋而元至明代
為名人賞識且[illegible]
[illegible]東閣[illegible]內府圖書[illegible]
[illegible]賞[illegible]
一[illegible]
[illegible]
[illegible]元[illegible]
[illegible]
[illegible]
[illegible]元年[illegible]
[illegible]
[illegible]
[illegible]
[illegible]
[illegible]
[illegible]
[illegible]元旦同觀
己巳一陽月 姪[illegible]敬識

《摹兰亭序图》

王羲之的代表作，被誉为『天下第一行书』。

肆 文化与传承

第一节 传承至今的住宅样式

千年的风沙并未将所有古代家居建筑『掩埋』，还有一些得以流传至今，成为中华历史文化的一部分。不同地区流传下来的家居建筑，在样式和建筑技法上多有不同，这些传承至今的建筑样式，描绘了中华民族千百年来最真实的生活图景。

老北京四合院

北京四合院又称四合房，是年代较为久远的中国传统合院式建筑。

据元末文人熊梦祥所著的《析津志》记载，“大街制，自南以至于北谓之经，自东至西谓之纬。大街二十四步阔，三百八十四火巷，二十九街通”。这里的“街通”便是我们今日所说的胡同。

元世祖忽必烈时期，这些胡同小院都是给有钱人和官员们居住的。后来，明朝于北京建都，四合院便与北京的胡同、街区、衙署、坊巷、宫殿同时出现了。

老北京四合院通常由正房、东厢房、西厢房和倒座房组成，四合院以中轴线贯穿，北房被称作正房，东西两侧为厢房，南房

东汉陶制三面四合院

（公元25—220年）。三面四合院，又名三合院。通常，四合院是由正房、东厢房、西厢房和倒座房组成的，四合院以中轴线贯穿，北房被称作正房，东西两侧为厢房，南房被称作倒座房。图中三面的四合院缺少的是倒座房。

门向北开，因此被称作倒座房。按照传统分房习惯，老人是要住上房（北房、正房）的，中部的中堂间为会客用的客厅，长子住东厢房，次子住西厢房，女眷们住后院，用人们住倒座房。彼此虽有联系，却互不影响。

当时，有钱人家喜欢摆阔气，常会建三四个四合院，前后相连，在院心种植花果树木以供赏玩。那时，富庶人家的四合院有13 ~ 40间房，全家人都住在里面。白天，院中花草树木、水榭楼台，令人流连忘返；晚上，阖家赏月，花香萦绕，或聊天或饮茶。这种外人看不见的

“关门之乐”，是很符合中国人习惯的。

《日下旧闻考》中，有一段引用元朝诗人的句子，叫“云开闾阖三千丈，雾暗楼台百万家”，这“百万家”建筑说的就是北京四合院。北京四合院的设计比较容易，用材也比较简单，只需青砖灰瓦、砖木混合即可。虽然没有钢筋水泥，但木材重量轻，基本不会被地震震倒，所以合院的防震效果也是比较好的。

此外，北京四合院虽说是居住建筑，但也蕴含着深刻的文化内涵。

首先，北京四合院的营建是非常讲究风水的。不管是定位还是择地，不管是走向还是摆设，都要按照风水理论来严格执行。就连每间房屋的具体尺寸，都要按照规定好的建造。

其次，北京四合院从自然角度讲，也是非常适合人类居住的。四合院属于四周闭合且露天的建筑，可以营造内部良好气候，减少外部不良气候影响。夏季可庇荫纳凉，冬季可以采光保暖。当时，北京常年刮沙尘暴，但四合院能抵御风沙。而且，四合院造型较为通透，既有出风口又有入风口，还利于排水与集水。

最后，四合院具有极高的文化价值，它见证了北京的历史沉淀，也见证了这座城市的发展。在超一线城市的高楼大厦间，有几处老胡同、老四合院，就好像中国古老的灵魂有了栖息之所，而这也正是一座古城的和谐发展之道。

客家土楼

客家土楼，又称福建土楼、客家民居。在中国传统建筑中，客家土楼建筑群因其造型独特秀美，被联合国教科文组织收入了《世界遗产名录》。

与四合院、窑洞等传统建筑不同，客家土楼虽早早被列入《世界遗产名录》，却因其掩藏在崇山峻岭之中而鲜为人知。而若想真正认识土楼，就要从客家文化说起。

福建是中国古越族文化的发源地，早在西晋末年，黄河流域的一部分汉人就因躲避战乱南徙渡江。为了与当地居民区别开，这部分汉人称自己为“客家”。

在漫长的历史中，客家人演绎了一部属于自己的独特文化，尤其是客家建筑群，更是神秘南国中的建筑瑰宝。客家土楼分布十分广泛，在闽西南和粤东北的几个县市中，我们都能看到客家土楼的身影。

在众多客家土楼建筑群中，以永定县（今为永定区）内的客家土楼建筑群最为出名。永定县有 8 000 余座客家土楼，这些土楼有方顶的也有圆顶的。相比方顶土楼，圆顶的采光效果更好。其中，最大的一座圆顶土楼直径为 82 米，最小的是一个叫“如升楼”的建筑，直径为 17 米。

客家土楼的建筑材料很好搜集，只需就地取材，使用黏沙土混合夯筑的手法即可。土楼墙中，每隔 10 厘米的厚层就铺满竹板式的木条做墙盘，这样可以起到相互拿力的作用。从外观上看，客家土楼与古罗马竞技场有些类似。一座普通的圆楼可以容纳二三百人，大型圆楼则可容纳七八百人。从这种民居建筑方式，我们能看出客家人喜聚族的特点。

土楼的结构有很多，比如有一种土楼结构是由上、中、下三堂，沿着一条中心轴线纵深排列的。下堂即出入口，中堂为中心客厅，上堂是供奉祖先牌位的地方。

圆楼则是从一个圆心出发，按照不同的半径，一层一层搭建起整个建筑，从上往下看，圆楼就像湖中漾起的波纹，环环相套，蔚为壮观。还有一种方楼的结构，布局与五凤楼相近，稳固性极好，防御性也很强。

总之，客家土楼建筑可以说是落后生产力与高度文明相结合的智慧结晶。在技术与功能上，客家土楼已经臻于完善，在造型与文化内涵上，客家土楼也具备很高的价值。

西北窑洞

窑洞，一种中国北方黄土高原上特有的古老居住形式。这种“穴居式”的民居建筑可追溯到4 000多年前。在这漫长的历史中，住在黄土高原上的农民们最大的愿望就是修几孔窑洞，只有修了窑洞，才能有女子愿意嫁给自己，这样才能生儿育女、成家立业。所以，窑洞不仅是黄土高原的产物，更是西北人民的象征，它沉淀了古老的西北文明。

目前，窑洞广泛分布在黄土高原涵盖的山西、陕西、河南、河北、甘肃、宁夏及内蒙古地区，尤其是我国陕甘宁地区，其黄土层厚度可达几十千米。这样的黄土层赋予了中国人民创造的智慧，在劳动人民的双手下，被称作“绿色建筑”的窑洞建筑就这样出现了。

一般来说，窑洞主要分为靠崖式窑洞、下沉式窑洞和独立式窑洞三种。其中，靠崖式窑洞是当地应用最多的窑洞。

从建筑学角度看，古窑洞属于生土建筑，其最大的特点就是让人与自然实现和谐共生。与其他建筑不同，黄土高原的窑洞格外省材省料、坚固耐用，而且还很方便修整。不过，在黄土高原上打窑洞不是件容易的事。

根据实地考察，我们可以看出单孔窑洞的宽度在 3.3 米到 3.7 米，其高度在 3.7 米到 4 米。窑洞的交口为 0.3 米到 0.4 米，进深、平桩高和拱部矢高在 1.8 米左右。从资料记载与工人口中，我们可以对窑洞的打造方式有一个大致的了解。

要想建造一个窑洞，首先要把地基打好。

在确定窑洞的方位后，工人就要开始挖地基了。这时，主人确定要挖的窑洞类型。如果门前有沟壑，可以用拉土车将挖出来的土填在坑里，比较省时省力；如果要挖地坑院，则要靠工人用笼筐将土一筐一筐地挑上来，非常辛苦。

过去，人们修窑洞只能利用农闲、饭后时间起早贪黑地干。专门挖窑洞的工人，肩上的皮肤会磨破一遍又一遍，双手上的茧子也会磨起好几层；不是专门挖窑洞的，则需要耗费几代人时间，上一辈人挖不成，下一辈人继续挖。

地基的形状大致挖好后，接下来的工作就是“刮崖面子”，也就是将表面修理平整。如果“刮崖面子”的人力气大、手艺好，就能在黄土上刮出漂亮的图案做装饰。

地基打好后，下一步工作就是打窑洞。打窑洞不能操之过急，如果太急，土中水分含量就会很高，窑洞有坍塌的危险。打好窑洞后，工人就要“剔窑”了。“剔窑”就是从窑顶开始慢慢剔出一个拱形，剔出形状后，还要将窑帮刮平整。窑洞晾干后，工人要用一种由黄土、泥巴和麦草混合的材料“泥窑”，“泥窑”至少要泥两层，一层粗泥，一层细泥。待日后住久了，窑壁被熏黑了，还要再泥一遍。

最后一步是扎山墙、安门窗。“泥窑”完成后，人们会用土坠子扎山墙、安门窗，窑洞的门窗结构为一门二窗，门内靠窗盘土炕，门外靠墙立烟囱。土炕靠窗是为了方便烟出，也方便在炕上做活计的妇女们采光。

经过以上几步的挖掘修整，一个窑洞就基本挖成了。由劳动人民打造的窑洞，其居住价值和文化内涵都是不可估量的，这种精神也将通过劳动人民的双手代代相传。

窑洞

图中窑洞属于靠崖式窑洞，在崖壁一侧挖洞建屋，安装门窗等。窑洞建筑体现的是人与自然和谐共生，属于绿色建筑。

藏式碉楼

碉楼，西藏地区的传统建筑。由于西藏大部分地区的海拔都很高，所以当地气候比较干燥寒冷。在荒原上，石头成为当地居民建筑房屋的主要材料。就这样，因形状酷似碉堡，碉楼应运而生。

早在新石器时代，西藏地区就已经出现了建筑，而有关碉楼的最早记载是在《后汉书南蛮西南夷传》中，“冉夷駹者，武帝所开。元鼎六年，以为汶山郡（今四川西北茂玟羌族自治县）……皆依山居止，累石为室，高者至十余丈，为‘邛笼’”。这里的“邛笼”就是对藏式碉楼的最早称呼。到了清代乾隆年间，碉楼的名字才正式出现。

据考证，这种建筑的初始功能并不是居住而是防御。在以民族为单位的早期文明中，当地人会将碉楼作为抵御外敌的屏障。相比当时汉族人民打造的院落民居，藏族人民居住的碉楼更接近现代的楼房。在碉楼中，客厅、厨房、卧室、厕所等功能性房间一应俱全，甚至还有牲畜圈和储藏室。

藏式碉楼主要由八个部分构成。

1. 底层。

底层通常是牲畜圈，在旧农业社会，牛马等牲畜是藏民的劳作工具和出行工具，所以，绝大多数藏民都会在碉楼的最底层建造一个牲畜圈。

2. 楼梯。

碉楼的楼梯是传统的藏式楼梯——一种会活动的斜梯。白天使用时，藏民会将斜梯放下，到了晚上则收起来，这样可以保护私人空间，也可以避免牲畜爬上楼。

3. 阳台兼厕所。

在碉楼还做防御用时，阳台兼厕所的房间还兼备瞭望台的功能。当地居民在使用这个房间时，排泄物是直接掉到牲畜圈里的。由于气候原因，这些排泄物会很快风干，也没有太持久的臭味。

4. 晒坝。

晒坝通常设在楼顶，人们可以将粮食铺上去。这样一来，粮食可以获得充足的阳光，人们也能防止牲畜偷吃粮食。由于碉楼采光不足，所以晒坝也是居民晒太阳的好地方。

5. 外墙。

碉楼的外墙是由坚固的石料堆砌而成的，所以防御性很强。碉楼底层的牲畜圈只开一个很小的窗户，或开几个可供通风的小孔，所以碉楼的保暖性也很强。

6. 大门。

出于安全性考虑，碉楼通常只设一个大门，且两边装饰着上小下大的“牛角形”黑色边框，寓意为吉祥。牦牛是藏族人信奉的图腾之一，有些居民还会直接将牦牛的头骨挂在门侧边框上。

7. 主室。

主室的面积比较大，它也是整个碉楼里最重要的部分。主室内部有炉灶或火塘，也有厨房和餐厅。当地藏民磨青稞粉、提炼酥油等都在主室完成。

8. 经堂。

经堂是藏民家中最神圣庄严的地方，所以会设置在顶层相对封闭的空间里。藏族是全民信奉藏传佛教的，所以每家顶层都会设一个经堂，以表示对藏佛的尊敬。

西藏木雕漆金护经板

护经板也称夹经板、封经板，用于函装重要经册，起到保护佛经的作用，是藏传佛教广为流传的重要艺术品类之一。

第二节　古代建筑志记

古代家居建筑实物是中华历史文化的一部分，而记录各式古代建筑的志记同样如此。透过已经泛黄残漏的书页，我们看到了更为详尽的古代家居建筑历史。

建筑工程规范——《营造法式》

《营造法式》是我国第一部详细论述建筑工程技术与规范的官方著作，是北宋建筑设计与施工经验的集大成之作，对后世研究当时的古建筑施工设计规范具有重要意义。

乌头门

选自《营造法式》。

格子门

选自《营造法式》。

柱础图

选自《营造法式》。

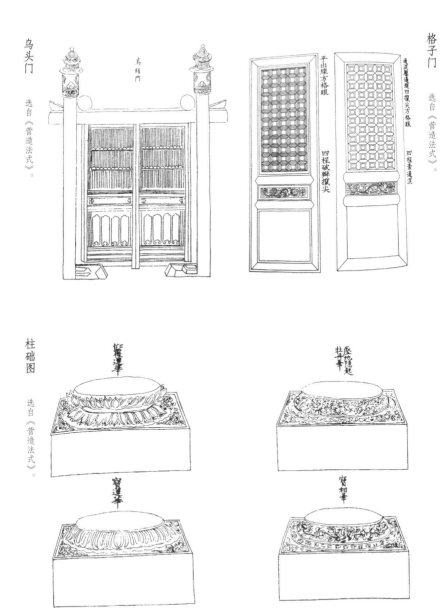

其实在编著之初，这部书并不是为了对建筑施工规范进行指导，而是为了严格限定建筑施工的用料。北宋官方似乎想要通过这种方式，来遏制当时普遍存在的建筑施工过程中的贪腐问题。

为此，这部书对每一工种的构件，都按照等级、大小及质量的要求，规定了具体的工值计算方法。对于每一种材料的消耗，也都设定了具体而详尽的数额。在这种严格标准的建筑施工规范下，可以有效开展建筑施工工作，但在实际工作中，想要如此循规蹈矩地按照确定好的数据办事却没有那么容易。

《营造法式》是李戒在喻皓《木经》的基础上编著而成，其中既有李戒个人建筑施工经验的总结，也有其他典章著作中有关建筑施工技术及操作规程的方法要领，是一部颇为全面的建筑施工设计著作。

全书共有三十六卷，正文共分为释名、诸作制度、功限、料例、图样五个部分，正文之前还有一卷“看样”，主要说明了此前的固定数据和做法规定的由来。

前两卷为《总释》和《总例》，《总释》部分解释了各种建筑物及构件的名称、条例和术语，主要是为了统一建筑用语，方便读者理解书稿内容；《总例》部分主要是全书通用的定例，包括求圆、求方及各种多边形的实用数据，同时还有一些测定方向、水平、垂直的法则。

卷三到卷十五主要是对工种制度的介绍，如大木作制度、小木作制度、瓦作制度、泥作制度等。这一部分的内容较多，不仅有对不同等级建筑物选材的规定，也有各构件间位置、比例的关系，同时还有对建筑物各个部件的设计规范和施工工序的介绍。

卷十六到卷二十八是各工种的劳动计算方法以及用料定额，其中还详细记录了当时测定各种材料的容重，以及各工种所需辅助工的数量。

卷二十九到卷三十四主要是各种测量工具和各工种的平面图、剖面图及详细构件图，对于建筑物构件的装饰纹样，也有着明确的样例示范。

可以看出，有着如此详细内容的《营造法式》在当时就相当于一本建筑法规，所有从事建筑施工的匠人都要按照这个法规来开展施工工作。一方面这样做可以提高施工效率，减少施工材料的浪费，另一方面也便于后期的检查验收，在统一标准下进行评判，更容易确定好坏优劣。

为了更好地指导建筑施工工作，《营造法式》列举了多种柱体的周长、斜长、直径的比例数字，工匠们在施工时只要按照规定的比例加工，就能够取得较好的效果。

当然，《营造法式》并没有对建筑的整体布局和具体尺寸进行过多限制，而是让工匠们“随宜加减”，充分发挥匠人的创造性。从这一方面来讲，这部书确实算得上优秀，即使与后世同类著作相比，也是有过之而无不及的。

雅正居室设计——《长物志》

《长物志》为明朝文人文震亨所作，其中讲述了不少雅玩之趣，也讲述了古人对居室设计的心得。

在“卷十·位置”的“坐几”一篇中，作者用了这样一段话

古建筑室内布局彩绘图

选自《中国建筑彩绘笔记——工具与样式》。

古建筑室内布局彩绘图

选自《中国建筑彩绘笔记——工具与样式》。

古建筑室内布局彩绘图

选自《中国建筑彩绘笔记——工具与样式》。

古建筑室内布局彩绘图

选自《中国建筑彩绘笔记——工具与样式》。

来描述居室设计："天然几一，设于室中左偏东向，不可迫近窗槛，以逼风日。几上置旧砚一，笔筒一，笔觇一，水中丞一，砚山一。古人置砚，俱在左，以墨光不闪眼，且于灯下更宜；书尺镇纸各一，时时拂拭，使其光可鉴，乃佳。"

也就是说，古人会将案几摆放在房内左边偏东的位置。因为要避开风与烈日，所以案几不能放在床栏附近。而且古人会将砚台放在案几左侧，这样能防止墨色反光刺眼。

关于小室布局，《长物志》在"卷十·位置"的"小室"一篇中有这样的记载："小室内几榻俱不宜多置，但取古制狭边书几一，置于中，上设笔砚、香盒、薰炉之属，俱小而雅。别设石小几一，以置茗瓯茶具；小榻一，以供偃卧趺坐，不必挂画；或置古奇石，或以小佛橱供鎏金小佛于上，亦可。"

意思是古人不会在小室内添加太多的几榻，只需在正中位置摆放一个书几，旁边摆放一个小石几，再加一个小塌就可以了。如果主人信佛，可以在小室内打造一个佛橱，用来供奉小型的佛像。

关于卧室布局，《长物志》在"卷十·位置"的"卧室"一篇中，则做了如此记录："地屏天花板虽俗，然卧室取干燥，用之亦可，第不可彩画及油漆耳。面南设卧榻一，榻后别留半室，人所不至，以置薰笼、衣架、盥匜、厢奁、书灯之属。榻前仅置一小几，不设一物，小方杌二，小橱一，以置香药、玩器。室中精洁雅素，一涉绚丽，便如闺阁中，非幽人眠云梦月所宜矣。更须穴壁一，贴为壁床，以供连床夜话，下用抽屉以置履袜。庭中亦不须多植花木，第取异种宜秘惜者，置一株于中，更以灵璧、英石伴之。"

这段话的大概意思是说，卧室装地板和天花板会俗气，但为了保持干燥也可以装，但不能涂油漆或彩绘。在卧室的正中，可以摆放一张朝南的卧榻，后面再留出半间屋子放薰笼、衣柜等。总之，文人的卧室应当淡雅素净，不要像少女的闺房一般花哨。

其实，早在春秋战国时期古人就对室内设计颇为注重。老子的《道德经》中有“凿户牖以为室，当其无，有室之用，故有之以为利，无之以为用”的记载，这段文字反映了古人关于室内空间设计的智慧。

到了秦汉时期，壁画已经发展成室内装饰的一部分，而丝织品则以帷幔的形式参与到室内空间分割中。此时，古人的家具种类也多起来，除了床榻、几案外，还多了屏风席等。

隋唐时期是古代家居设计史的第二个高峰，这时，古人的室内家居设计开始多样化，出现了各种各样的风格，且室内色彩也逐渐精美丰富。

明清时期，我国古代的家居设计史进入最后的辉煌，室内陈设也更加具有艺术价值。而且这一时期出现了多样化的室内隔断形式，给室内设计带去了更多的可能。

如今，虽然室内空间设计已经展现出更多样的形式和风格，但对于中国文人来说，居室的严谨布局与古雅美观却是从未改变的。

室内小物件
选自《中国人物服饰、器物》
约18世纪外销画。

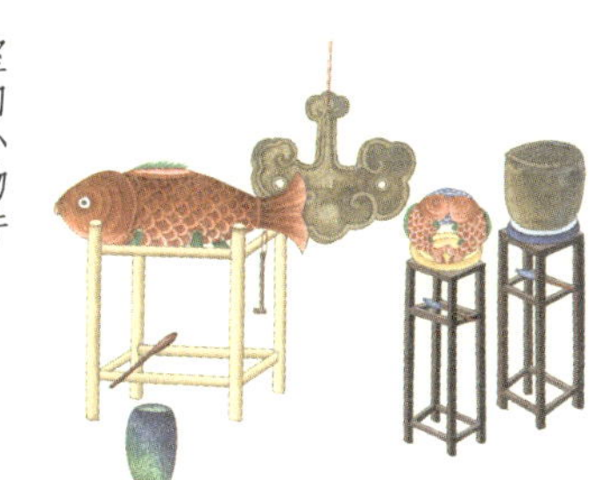

室内家具
选自《中国人物服饰、器物》
约18世纪外销画。

造园艺术之作——《园治》

如何打造一处别致的私家庭园，如何让园中景物搭配得如诗如画又相映成趣，这些问题都可以在《园冶》中找到答案。

《园冶》是明末造园家计成所著的一本造园专著，同时也是我国第一本系统的园林艺术理论著作。在《园冶》中，计成将自己多年造园的实践经验总结为系统理论，详细论述了宅院的营建方法和手段，为后世园林建造提供了理论基础和范例模板。

计成年少饱读诗书，善绘画，颇好游山玩水。他用了大概 30 年时间，走遍了中国的名山大川，详细了解了各地的风土人情和地质水文特征。这种长时间旅行的经验及阅历，为计成创作《园冶》打下了坚实的基础。

一直有心著述的计成，在完成寤园建造后，抽空完成了初稿《园牧》的撰写。其后几经修改后，《园冶》才完稿而正式问世。

《园冶》一共有三卷，整体内容并不多，但条理清晰，论述翔实，书稿的文学性也颇高。

卷一主要有兴造论、园说以及相地、立基、屋宇、列架、装折等内容，其中兴造论是园林建造的总论及宗旨，园说则是园林建造的总体原则。相地主要讲园地勘察，立基主要讲平面布置，屋宇说的是建筑种类，列架则论述了屋梁构架，最后的装折部分，主要是对园林装饰的具体介绍。

卷二主要介绍了栏杆的设计形制，同时配有一些具体图式。卷三则又分述了门窗、墙垣、铺地、掇山、选石和借景的内容。其中，仅掇山一篇，《园冶》就列举了园林中可造的十七种山景，如阁山、厅山、池山等，内容十分详尽。

从上述篇章设置来看，虽然缺少花木和理水的内容，但其他造园内容却是非常全面的。这一小小的瑕疵并不妨碍其成为明末造园艺术的巅峰之作。

在对造园各个环节进行论述时，《园冶》始终坚持顺其自然的原则，园林虽然是人为修建的，但只有师法自然，去除过多的

清代　谢遂绘《楼阁图》册

绢本设色，纵33.5厘米、横49厘米，共8页，描绘的全是圆明园内的各式亭台楼阁。圆明园是一座大型的皇家园林。始建于康熙年间，扩建于雍正年间，后又修改于乾隆年间。园林既有庄严的宫殿群，也有精致的亭台楼阁与灵巧的廊桥，以及众多假山、湖泊等，仿建了许多江南名园胜景。例如杭州西湖、苏州狮子林、南京瞻园等江南园林景致。圆明园经过多年的建造，在布局上因景随势，又运用了多种造园技巧，园内各景环环相扣，使人流连忘返。现为圆明园遗址公园，遭难于清末英法联军和八国联军侵华。

斧凿痕迹，才能将自然的美景留在园中。因此，与其说造园是辟一块地进行加工改造，不如说是选一块地来用心维护。

这难道是说在园林设计中要尽量减少人为痕迹吗？当然不是，《园冶》强调顺其自然，减少人为斧凿痕迹，却并未一味排斥人力的介入。

造园是一项系统而复杂的工程，其中涉及的环节非常多，为了更好地控制各个环节，以减少不必要的资源浪费和损耗，人力必须介入各个环节之中，并对造园全局进行掌控。以最小消耗取得最适宜的效果，是每个造园人都要努力达到的目标。